essentials

essentials liefern aktuelles Wissen in konzentrierter Form. Die Essenz dessen, worauf es als „State-of-the-Art" in der gegenwärtigen Fachdiskussion oder in der Praxis ankommt. *essentials* informieren schnell, unkompliziert und verständlich

- als Einführung in ein aktuelles Thema aus Ihrem Fachgebiet
- als Einstieg in ein für Sie noch unbekanntes Themenfeld
- als Einblick, um zum Thema mitreden zu können

Die Bücher in elektronischer und gedruckter Form bringen das Expertenwissen von Springer-Fachautoren kompakt zur Darstellung. Sie sind besonders für die Nutzung als eBook auf Tablet-PCs, eBook-Readern und Smartphones geeignet. *essentials:* Wissensbausteine aus den Wirtschafts, Sozial- und Geisteswissenschaften, aus Technik und Naturwissenschaften sowie aus Medizin, Psychologie und Gesundheitsberufen. Von renommierten Autoren aller Springer-Verlagsmarken.

Weitere Bände in der Reihe http://www.springer.com/series/13088

Daniel Graewe · Larissa Senuysal

Wirtschaftsstrafrecht in der Unternehmenspraxis

Einführung und wichtige Grundlagen

Daniel Graewe
Institut für angewandtes Wirtschaftsrecht
NORDAKADEMIE Hochschule der
Wirtschaft, Elmshorn
Schleswig-Holstein, Deutschland

Larissa Senuysal
Landgericht Dortmund
Dortmund, Nordrhein-Westfalen
Deutschland

ISSN 2197-6708 ISSN 2197-6716 (electronic)
essentials
ISBN 978-3-658-24478-1 ISBN 978-3-658-24479-8 (eBook)
https://doi.org/10.1007/978-3-658-24479-8

Die Deutsche Nationalbibliothek verzeichnet diese Publikation in der Deutschen Nationalbibliografie; detaillierte bibliografische Daten sind im Internet über http://dnb.d-nb.de abrufbar.

Springer Gabler
© Springer Fachmedien Wiesbaden GmbH, ein Teil von Springer Nature 2019

Springer Gabler ist ein Imprint der eingetragenen Gesellschaft Springer Fachmedien Wiesbaden GmbH und ist ein Teil von Springer Nature
Die Anschrift der Gesellschaft ist: Abraham-Lincoln-Str. 46, 65189 Wiesbaden, Germany

Was Sie in diesem *essential* finden können

- Eine Darstellung der wichtigsten Entwicklungslinien des Wirtschaftsstrafrechts
- Die Erläuterung der kriminologischen Grundlagen des Rechtsgebiets
- Eine verständliche Einführung in die Struktur des Wirtschaftsrechts
- Die Darstellung von typischen Fallkonstellationen in Unternehmen
- Eine Zusammenstellung von Sanktionierungsmöglichkeiten von Unternehmen

Vorwort

Das vorliegende Werk zum Wirtschaftsstrafrecht befasst sich mit einem Teilbereich des Strafrechts, der zunehmend an Bedeutung gewinnt; sei es in Forschung, Lehre, Praxis oder Öffentlichkeit. Unser Ziel bei der Erstellung des Werkes war es, einen praxisnahen Einstieg und Überblick über die Materie des Wirtschaftsstrafrechts zu geben, einschließlich seiner kriminologischen Grundlagen. Die Rechtsmaterie nimmt dabei – insbesondere getrieben durch die Intensivierung des internationalen Wirtschaftsverkehrs – stetig an Komplexität zu. Gleichzeitig steigen Ausstattung und Fokussierung der Strafverfolgungsorgane, was eine erhöhte Zahl an Ermittlungsverfahren zur Folge hat. Dies wiederum bedingt, dass immer wieder umfangreiche Verfahren ihren Weg in die Massenmedien und damit auch erhöhten Wiederhall in der Gesellschaft finden. Den interessierten Lesern werden vor diesem Hintergrund die Strukturen des Wirtschaftsstrafrechts erhellt und eine Einführung in die Anwendungspraxis gegeben.

Hamburg und Dortmund   Die Autoren
im Herbst 2018

Inhaltsverzeichnis

Über die Autoren

Prof. Dr. Daniel Graewe, LL.M. wurde in Westfalen geboren und studierte Rechts- und Politikwissenschaft an den Universitäten Freiburg, Lausanne/ Schweiz, Frankfurt am Main, Speyer und Köln. In Hessen legte er das erste juristische Staatsexamen ab. Anschließend begann Professor Graewe mit dem Rechtsreferendariat in Hamburg. Im Jahr 2009 absolvierte er das zweite juristische Staatsexamen in Hamburg. Er arbeitete sodann mehrere Jahre als Rechtsanwalt in internationalen Großkanzleien in Hamburg, London und München. Im Jahr 2016 nahm er den Ruf auf eine Professur für Wirtschaftsrecht an der NORDAKADE-MIE Hochschule der Wirtschaft an. Seitdem ist Professor Graewe auch Direktor des dortigen Instituts für angewandtes Wirtschaftsrecht.

Dr. Larissa Senuysal, geboren in Dortmund, hat Rechtswissenschaften mit dem universitären Schwerpunktbereich Strafrecht, Strafprozessrecht und Kriminologie an der Ruhr Universität-Bochum studiert. Ihre Promotion schloss sie ebenfalls an der Ruhr-Universität, am Lehrstuhl für Kriminologie, Politik und Polizeiwissenschaft (Prof. Dr. Thomas Feltes, M.A.) im Jahr 2012 ab. Von 2013 bis 2015 war sie in einer Stuttgarter Wirtschaftskanzlei tätig, schwerpunktmäßig im Bereich des Steuer- und Wirtschaftsstrafrechts. Berufsbegleitend absolvierte sie den theoretischen Teil des Fachanwaltskurses für Steuerrecht. Seit 2015 ist Dr. Larissa Senuysal Richterin im Bezirk des Oberlandesgerichts Hamm. Derzeit ist sie dem Landgericht Dortmund zugewiesen und dort Beisitzerin in einer allgemeinen großen Strafkammer sowie einer Wirtschaftsstrafkammer.

Einleitung

1

Das Wirtschaftsstrafrecht ist ein aktueller, praxisrelevanter und komplexer Teilbereich des Strafrechts. Immer wieder sorgen spektakuläre und komplexe Fälle in den Medien für Aufsehen. Beispielhaft seien hier nur die Verfahren „VW-Abgasaffäre", „Deutsche Bank" oder „Karstadt" genannt.

1.1 Aktualität und Komplexität

Da das Wirtschaftsstrafrecht immer wieder auf **neue Erscheinungsformen** und Ausprägungen der Wirtschaftskriminalität reagieren muss, ist es ständigen Veränderungen und Erweiterungen unterworfen. Die zunehmende Internationalisierung, Technisierung und Digitalisierung des modernen Wirtschaftslebens führen zu einer enormen **Komplexität** und zur Entwicklung neuer Formen von Wirtschaftskriminalität. Kaum ein anderes Teilgebiet des Strafrechts entwickelt sich daher so dynamisch wie das Wirtschaftsstrafrecht. Innerhalb der Strafrechtswissenschaft nimmt das Wirtschaftsstrafrecht aufgrund seiner speziellen Struktur, seiner besonderen Auswirkungen sowie der Problematik der Strafverfolgung und Sanktionierung damit eine Sonderstellung ein.

Auch ist das Wirtschaftsstrafrecht in hohem Maße **akzessorisch;** viele Regelungen finden sich nicht nur im Strafgesetzbuch (StGB), sondern in zahlreichen Nebengesetzen. Demzufolge gibt es auch keine abschließende Kodifizierung einschlägiger Wirtschaftsstrafnormen in einem einzigen Gesetz.

Schließlich sind auch die Strafverfolgungsorgane bei der Verfolgung von Wirtschaftsstraftaten mit besonderen Herausforderungen konfrontiert. Aus der wesentlich geringeren Wahrnehmbarkeit und Kontrollmöglichkeit von Wirtschaftsstraftaten in Unternehmen folgt eine erheblich niedrigere Anzeigenquote.

© Springer Fachmedien Wiesbaden GmbH, ein Teil von Springer Nature 2019   1
D. Graewe und L. Senuysal, *Wirtschaftsstrafrecht in der Unternehmenspraxis,*
essentials, https://doi.org/10.1007/978-3-658-24479-8_1

Betroffene Unternehmen fürchten zudem Image- und Reputationsverluste, wenn Gesetzesverstöße bekannt werden. Zudem bedingt die sachliche und rechtliche Schwierigkeit der Fälle inhaltlich komplexe und langwierige Strafverfahren.

1.2   Historische Entwicklung

Mit dem **Gesetz zur Vereinfachung des Wirtschaftsstrafrechts** vom 26.07.1949 (WiStG 1949) sollten nach dem Inkrafttreten des Grundgesetzes im Jahr 1949 die Rahmenbedingungen für eine wettbewerbsorientierte soziale Marktwirtschaft geschaffen werden. Vereinfacht formuliert sollte der Staat nur noch den Ordnungsrahmen der Wirtschaft bestimmen, indem er eine Wettbewerbsordnung schafft, durch die Nichtleistungswettbewerb (Monopolbildung, Verdrängungswettbewerb usw.) unterbunden wird. In diesem Gesetz wurde das seinerzeit geltende Wirtschaftsstrafrecht kodifiziert und erstmals eine Aufteilung in Straftaten und Ordnungswidrigkeiten vorgenommen. Die strafrechtlichen Normen aus Kriegs- und Vorkriegszeit wurden deutlich reduziert. Das **Gesetz zur weiteren Vereinfachung des Wirtschaftsstrafrechts** vom 09.07.1954 (WiStG 1954) führte zu einer drastischen Reduzierung zahlreicher Tatbestände des WiStG 1949. Das auch in der Folgezeit in seinem Regelungsgehalt weitergehend reduzierte Wirtschaftsstrafgesetz hat heute kaum noch praktische Bedeutung. Sein Regelungsgehalt beschränkte sich auf einige wenige Straf- und Bußgeldtatbestände zum Sicherstellungs- und Preisrecht (Wittig, § 3 Rn. 9).

Das zwischenzeitlich bereits mehrfach novellierte **Ordnungswidrigkeitengesetz** (OWiG) vom 25.03.1952 unterschied erstmals grundlegend zwischen Ordnungswidrigkeiten und Straftaten. Wenn eine Handlung ausschließlich mit **Geldbuße** bedroht war, handelte es sich um eine Ordnungswidrigkeit, welche die **Verwaltungsbehörden** zu verfolgen und sanktionieren befugt waren. War die Handlung ausschließlich mit **Strafe** bedroht, lag eine Straftat vor, bei der ausschließlich die **Staatsanwaltschaft** ermittlungsbefugt war (§§ 1, 27 OWiG 1952). Mit der Zielsetzung, eine Trennung zwischen Exekutive und Judikative zu gewährleisten, wurde den Verwaltungsbehörden die Befugnis zur Verfolgung von Strafsachen und zum Erlass von Strafen aberkannt. Ausschließlich die Staatsanwaltschaften waren hierzu befugt. An die Stelle der Strafe (Freiheits- oder Geldstrafe) trat die Sanktion der Geldbuße, welche die Verwaltungsbehörden bei Vorliegen einer Ordnungswidrigkeit zu verhängen berechtigt waren.

Wesentliche **Reformierungen** des Gesetzes über Ordnungswidrigkeiten (OWiG) erfolgten u. a. durch das Gesetz zur Bekämpfung der Korruption vom 13.08.1997, das Gesetz zur Änderung des Gesetzes über Ordnungswidrigkeiten und anderer Gesetze vom 26.01.1998, das Gesetz zur Änderung des Ordnungswidrigkeitenverfahrensrechts vom 26.07.2002 sowie durch das 31. Strafrechtsänderungsgesetz – Zweites Gesetz zur Bekämpfung der Umweltkriminalität – vom 27.06.1994.

Mit dem **Gesetz gegen Wettbewerbsbeschränkungen** (GWB) vom 27.07.1957 – sog. „Kartellgesetz" – wurden der freie Wettbewerb und die freie Preisbindung unter weitergehenden strafrechtlichen Schutz gestellt. Verstöße wurden mit empfindlich hohen Bußgeldern belegt. Im Falle einer vorsätzlich begangenen Ordnungswidrigkeit konnte eine Geldbuße in Höhe von bis zu 50.000,00 DM verhängt werden (§ 39 Abs. 2 Nr. 1 GWB 1957). Das am 01.09.1976 in Kraft getretene **erste Gesetz zur Bekämpfung der Wirtschaftskriminalität** (1. WiKG) führte die Straftatbestände des Subventionsbetrugs (§ 264 StGB[1]) und des Kreditbetrugs (§ 265b) ein. In den §§ 283 ff. wurden erstmalig die damaligen „Konkursstraftaten" (heute: „Insolvenzstraftaten") normiert. Ferner wurde durch dieses Gesetz erstmals der Wuchertatbestand (§ 302a a. F., heute: § 291) im Strafgesetzbuch kodifiziert. Mit dem **zweiten Gesetz zur Bekämpfung der Wirtschaftskriminalität** vom 15.05.1986 (2. WiKG) erfolgte eine weitere Kodifizierung wirtschaftsstrafrechtlicher Delikte im Strafgesetzbuch. Durch dieses Gesetz wurde insbesondere das sog. **Computerstrafrecht** eingeführt und hierzu diverse neue Straftatbestände geschaffen. Hierzu zählen u. a. § 263a (Computerbetrug), § 269 (Fälschung beweiserheblicher Daten), § 270 (Täuschung im Rechtsverkehr bei Datenverarbeitung), § 303a (Datenveränderung), § 303b (Computersabotage) und § 202a (Ausspähen von Daten). Ferner wurden durch dieses Gesetz erstmals die Straftatbestände des Vorenthaltens und Veruntreuens von Arbeitsentgelt (§ 266a) sowie des Missbrauchs von Scheck- und Kreditkarten (§ 266b) geregelt. Der Straftatbestand der Geldwäsche (§ 261) wurde erstmals durch das **Gesetz zur Bekämpfung des illegalen Rauschgifthandels und anderer Formen der Organisierten Kriminalität** (OrgKG) vom 22.09.1992 eingeführt und durch das **Geldwäschegesetz** vom 25.10.1993 (GwG) ergänzt. Sowohl § 261 als auch das Geldwäschegesetz wurden inzwischen mehrfach geändert; § 261 zuletzt durch das Gesetz zur Reform der strafrechtlichen Vermögensabschöpfung vom 13.04.2017. Eine weitere Ausgestaltung des Wettbewerbsstrafrechts erfolgte durch das **Gesetz zur Bekämpfung der Korruption** vom 13.08.1997 (KorrBekG 1997). Ausweislich des Gesetzesentwurfs der Bundesregierung waren Hintergrund für die Verabschiedung dieses Gesetzes zahlreiche

---

[1]Gesetzliche Normen ohne weitere Bezeichnung sind solche des StGB.

Korruptionsfälle, denen mit der Gesetzesreform begegnet werden sollte. Es bestand einhellige Auffassung darüber, „dass Korruption in Deutschland mit allen dem Rechtsstaat zur Verfügung stehenden Mitteln bekämpft werden müsse" (BT-Drs. 13/8079, 13). Erstmals wurde hierdurch das Rechtsgut des **„freien Wettbewerbes"** als solches ausdrücklich unter strafrechtlichen Schutz gestellt (Kleinmann/Berg BB 1998, 277). Durch dieses Gesetz wurden Straftaten gegen den Wettbewerb, §§ 298 ff., neu eingefügt. Zudem wurden der Begriff des Amtsträgers (§ 11 Abs. 1 Nr. 2) geändert und in §§ 331 ff. die Bestechungsdelikte neu geregelt (Wittig, § 3 Rn. 19). Neben diesen materiell-rechtlichen Neuregelungen enthielt das Gesetz zur Bekämpfung der Korruption zahlreiche flankierende Regelungen in den einschlägigen Nebengesetzen. Das Gesetz über Ordnungswidrigkeiten (OWiG) wurde hinsichtlich der §§ 30 Abs. 2, 40 und 130 Abs. 3 geändert. Darüber hinaus wurde § 74c Abs. 1 GVG um Ziffer 5a) erweitert, wodurch die Zuständigkeit der Wirtschaftsstrafkammern für wettbewerbsbeschränkende Absprachen bei Ausschreibungen (§ 298) sowie bei Bestechlichkeit und Bestechung im geschäftlichen Verkehr (§ 299) begründet wurde. Weitere Änderungen und Ergänzungen erfolgten durch das **Gesetz zur Bekämpfung der Korruption** vom 20.11.2015 (KorrBekG 2015). § 299 wurde durch Erfassung des **Geschäftsherrenmodells** erweitert. §§ 331, 333 wurden weiter gefasst, indem in § 11 Abs. 1 Nr. 2a) der Begriff des „europäischen Amtsträgers" eingeführt wurde (Dann NJW 2016, 203).

Wirtschaftskriminologie 2

Die Wirtschaftskriminologie bildet einen Teilbereich des Strafrechts. Sie versucht als empirische Wissenschaft, unabhängig vom jeweils geltenden Recht, das Phänomen der Kriminalität im Wirtschaftssektor als soziale Tatsache zu definieren (Wittig, § 3 Rn. 8).

2.1 Definition

Eine Abgrenzung des Themenfeldes der Wirtschaftskriminologie kann nicht trennscharf erfolgen, denn es existieren unterschiedliche Definitionen dieser Rechtsdisziplin. Nach einer grundlegenden Definition von Sutherland aus dem Jahr 1939, der zu dieser Zeit der Präsident der American Sociological Association war, handelt es sich um sog. **„White Collar Criminality"**. Diese ist durch spezifische Kriterien gekennzeichnet: es handelt sich um Straftaten, die von einer reputablen Person mit hohem sozialen Ansehen im Rahmen ihrer beruflichen Tätigkeit verübt werden (Knecht, Archiv für Kriminologie 217, 65). Das Gegenteil der „White Collar Criminality" bildet die „Blue Collar Criminality", also das kriminelle Verhalten in der sozialen Unterschicht.

In der deutschen Kriminologie versteht man unter Wirtschaftskriminalität „die Gesamtheit aller Straftaten und Ordnungswidrigkeiten bei **wirtschaftlicher Betätigung unter Missbrauch des im Wirtschaftsleben notwendigen Vertrauens,** die über eine Schädigung im Einzelfall hinaus auch die Belange der Allgemeinheit betreffen." (Schwind, S. 471 f.). Charakteristisch sind dabei insoweit i) ein wirtschaftlicher Bezug, ii) ein Verhalten in Ausübung des Berufs, iii) der Missbrauch von Vertrauen, iv) die Kollektivität und Anonymität der Opfer und v) eine geringe Visibilität der Täter.

© Springer Fachmedien Wiesbaden GmbH, ein Teil von Springer Nature 2019
D. Graewe und L. Senuysal, *Wirtschaftsstrafrecht in der Unternehmenspraxis,*
essentials, https://doi.org/10.1007/978-3-658-24479-8_2

Einen ähnlichen Ansatz verfolgen die **unternehmensbezogenen** kriminologischen Definitionen, insbesondere diejenigen der **„occupational crime"** und der **„corporate crime".** Der Begriff „occupational crime" (Berufsstraftat) beinhaltet eine berufsbezogene Klassifizierung von Wirtschaftsstraftätern, die im Zusammenhang mit ihrer beruflichen Tätigkeit zu ihrem eigenen Nutzen Straftaten **zulasten** des Unternehmens begehen (z. B. Untreue). „Corporate crime" (Verbandsstraftat) als unternehmensbezogene Klassifizierung hingegen beschreibt Straftaten, die Unternehmensangehörige **zum Nutzen** des Unternehmens begehen (z. B. Subventionsbetrug) (Wittig, § 7 Rn. 12).

Aus strafrechtlicher Sicht sind die kriminologischen Begriffsdefinitionen aber bereits deshalb nicht haltbar, weil das deutsche Strafrecht als **Tatstrafrecht** an die Begehung einer strafbewehrten Tat und nicht an die Konstitution des Täters bzw. sein soziales Profil anknüpft (Esser/Rübenstahl/Saliger/Tsambikakis, S. 48). Zudem sind insbesondere die berufs- und unternehmensbezogenen Ansätze einerseits zu eng gefasst, da Wirtschaftsstraftaten auch fernab jeglicher unternehmerischen Betätigung von Privatpersonen begangen werden können, z. B. Steuerhinterziehung oder Kreditbetrug. In anderer Hinsicht ist der kriminologische Erklärungsansatz zu weit gefasst, da nicht jede von sozial angesehenen Personen im Rahmen ihrer beruflichen Tätigkeit begangene Straftat eine Wirtschaftsstraftat darstellt.

2.2   Täterkreis

Zu den Ursachen wirtschaftskriminellen Handelns existieren verschiedene Theorien und Erklärungsansätze (wie etwa die Theorie der differentiellen Gelegenheiten oder die Theorie der rationalen Wahl). Als fördernde Komponenten werden allgemein die **Abwesenheit einer Kontrollinstanz** auf Augenhöhe der Täter („Capable Guardian") sowie das Vorhandensein von ausgeprägten **Neutralisierungstechniken** bei den Tätern angesehen („Ich hole mir nur, was mir zusteht", „Das machen doch alle", „Das tut doch keinem weh"). Hinzu treten im Wirtschaftsleben oftmals anzutreffende **Kosten-Nutzen-Erwägungen** („wirtschaftlicher Vorsprung durch Rechtsbruch") oder frühere Frustrationen bei rechtskonformem Verhalten. Da Mitbewerber die Wirtschaftsdelikte ihrer Wettbewerber oftmals nachahmen, um konkurrenzfähig zu bleiben (Schwarzarbeit, Korruption, Abrechnungsbetrug, Urkundenfälschung etc.), erzeugt diese Art der Delinquenz zudem eine **Sogwirkung** und **Kettenreaktion** (Schwind, S. 474, 477).

Festgehalten werden kann jedenfalls, dass der **typische Wirtschaftskriminelle** sich in seinem Sozialprofil vielfach vom sozialen Stereotyp des „durchschnittlichen

Kriminellen" unterscheidet. Oftmals handelt es sich um Personen, die – im Gegensatz zum „klassischen Straftäter" – beruflich etabliert und sozial angepasst sind sowie hohes gesellschaftliches Ansehen genießen (Wittig, § 2 Rn. 7). Wirtschaftsstraftäter sind statistisch betrachtet meist männlich, etwas älter (ab 40 Jahre), verheiratet und ganz überwiegend (etwa zu 75 %) nicht vorbestraft. Sie sind überdurchschnittlich gebildet (über 30 % Akademikerquote) und zeichnen sich häufig durch eine karriereorientierte Haltung, erhöhte Risikobereitschaft („risk seeker") und starkes Durchsetzungsvermögen aus (PwC/UHW, 40). Bei der Besetzung von Führungspositionen in Unternehmen wird oftmals ein Managertypus präferiert, der sich durch Kreativität, Durchsetzungsvermögen und Risikobereitschaft auszeichnet. Auf Konformität und Anpassungsbereitschaft hingegen wird in der Regel weniger Wert gelegt (Bussmann, MschrKrim 2003, 95). Insbesondere Täter aus dem Bereich des Topmanagements weisen zudem überdurchschnittlich häufig ein mangelndes Unrechtsbewusstsein, einen aufwendigen Lebensstil sowie ein überdimensionales Machtstreben auf (Bussmann/Salvenmoser NStZ 2006, 204 f.).

2.3 Delikte

Definitionsversuche von Wirtschaftskriminalität und allgemeine Tätertypologien helfen aber in der Praxis nur wenig weiter, denn der Kreis der Delikte muss so eingegrenzt werden, dass die Strafverfolgungsbehörden für die Bearbeitung solcher Fälle gezielt Spezialisten einsetzen können. Der Gesetzgeber hat daher in der Zuständigkeitsnorm des § 74c GVG einen pragmatischen Katalog von Delikten geschaffen, für die die **Wirtschaftsstrafkammern** bei den Landgerichten zuständig sind (§ 24 Abs. 2 GVG). Die meisten dort benannten Delikte sind **Spezifika der Wirtschaftskriminalität:**

Bei den in **§ 74c Abs. 1 S. 1 Nr. 1 – 5 a) GVG** aufgeführten Delikten wird unwiderleglich vermutet, dass zu ihrer Beurteilung Spezialkenntnisse auf dem Gebiet des Wirtschaftslebens erforderlich sind. Bei den weiteren in **§ 74c Abs. 1 S. 1 Nr. 6a und b) GVG** aufgeführten Delikten ist die Zuständigkeit der Wirtschaftsstrafkammer (nur) dann gegeben, „soweit zur Beurteilung des Falles besondere Kenntnisse des Wirtschaftslebens erforderlich sind". Bei diesen Straftaten hängt die Zuständigkeit der Wirtschaftsstrafkammer somit von einem zusätzlichen normativen Zuständigkeitsmerkmal – nämlich dem Erfordernis des Vorliegens wirtschaftsrechtlicher Spezialkenntnisse – ab (Schmitt in: Meyer-Goßner/Schmitt, § 74c Rn. 5). Dies ist Wissen um Verfahrensweisen, die über die normalen Erfahrungen hinaus nur bestimmten Wirtschaftskreisen geläufig sind und deren raffinierter Missbrauch aufgrund der komplizierten, schwer zu durchschauenden Mechanismen die Strafsache kennzeichnet (Schmidt/Temming in: Gercke/Julius/Temming u. a., § 74c Rn. 9).

▶ **Wichtig** Der Katalog des § 74c Abs. 1 GVG enthält folgende Delikte:
Straftaten

1. nach dem Patentgesetz, dem Gebrauchsmustergesetz, dem Halbleiterschutzgesetz, dem Sortenschutzgesetz, dem Markengesetz, dem Designgesetz, dem Urheberrechtsgesetz, dem Gesetz gegen den unlauteren Wettbewerb, der Insolvenzordnung, dem Aktiengesetz, dem Gesetz über die Rechnungslegung von bestimmten Unternehmen und Konzernen, dem Gesetz betreffend die Gesellschaften mit beschränkter Haftung, dem Handelsgesetzbuch, dem SE-Ausführungsgesetz, dem Gesetz zur Ausführung der EWG-Verordnung über die Europäische wirtschaftliche Interessenvereinigung, dem Genossenschaftsgesetz, dem SCE-Ausführungsgesetz und dem Umwandlungsgesetz,

2. nach den Gesetzen über das Bank-, Depot-, Börsen- und Kreditwesen sowie nach dem Versicherungsaufsichtsgesetz, dem Zahlungsdiensteaufsichtsgesetz und dem Wertpapierhandelsgesetz,

3. nach dem Wirtschaftsstrafgesetz 1954, dem Außenwirtschaftsgesetz, den Devisenbewirtschaftungsgesetzen sowie dem Finanzmonopol-, Steuer- und Zollrecht, auch soweit dessen Strafvorschriften nach anderen Gesetzen anwendbar sind; dies gilt nicht, wenn dieselbe Handlung eine Straftat nach dem Betäubungsmittelgesetz darstellt, und nicht für Steuerstraftaten, welche die Kraftfahrzeugsteuer betreffen,

4. nach dem Weingesetz und dem Lebensmittelrecht,

5. des Subventionsbetruges, des Kapitalanlagebetruges, des Kreditbetruges, des Bankrotts, der Verletzung der Buchführungspflicht, der Gläubigerbegünstigung und der Schuldnerbegünstigung,

5a. der wettbewerbsbeschränkenden Absprachen bei Ausschreibungen, der Bestechlichkeit und Bestechung im geschäftlichen Verkehr sowie der Bestechlichkeit im Gesundheitswesen und der Bestechung im Gesundheitswesen,

6a. des Betruges, des Computerbetruges, der Untreue, des Vorenthaltens und Veruntreuens von Arbeitsentgelt, des Wuchers, der Vorteilsannahme, der Bestechlichkeit, der Vorteilsgewährung und der Bestechung,

6b. nach dem Arbeitnehmerüberlassungsgesetz und dem Schwarzarbeitsbekämpfungsgesetz.

Im Hellfeld sind die am weitesten verbreiteten Straftaten Betrug, Insolvenzkriminalität, sowie Straftaten im Anlage- und Finanzierungsbereich. Befragt man hierzu Unternehmen, so nennen diese subjektiv als am häufigsten vorkommende Delikte Unterschlagung, Produktpiraterie, Korruption, Geldwäsche, Falschbilanzierung und (nicht näher definiertes „Cybercrime") (Schwind, S. 484).

2.4 Schäden

Das hohe öffentliche Interesse an dem Phänomen der Wirtschaftskriminalität und ihrer Bekämpfung beruht auch auf der enormen Schadenshöhe. Der angenommene Umfang von Schäden durch Wirtschaftskriminalität hängt davon ab, ob man nur die registrierte Kriminalität zugrunde legt (sog. Hellfeld), oder auch nicht bekannt gewordene Kriminalität (sog. Dunkelfeld). Was das **Hellfeld** angeht, so stieg in den letzten vierzig Jahren die Schadenshöhe von etwa umgerechnet siebenhundert Millionen Euro im Jahr 1974 auf gegenwärtig etwa sechs Milliarden Euro pro Jahr (Schwind, S. 472). Ungeklärt ist dabei, ob diese Steigerung auf einem realen Kriminalitätsanstieg, lediglich auf geändertem Anzeige- bzw. Verfolgungsverhalten oder einer wirtschaftswachstumsbezogenen Erhöhung basiert. Interessant ist in jedem Fall in diesem Zusammenhang, dass die Wirtschaftskriminalität etwa nur drei Prozent der Gesamtkriminalität ausmacht, obwohl sie gleichzeitig etwa 55 % aller (materiellen) Schäden ausmacht (Lippert/Knorre, S. 223). Wirtschaftskriminalität ist damit vor allem ein **qualitatives Problem.** Neben dem Hellfeld existiert das **Dunkelfeld,** in dem etwa 80 % aller Delikte der Wirtschaftskriminalität verbleiben (Polizeiliche Kriminalstatistik 1/2009, S. 4, 6). Bei derzeit etwa sechs Milliarden Euro verursachter Schäden im Hellfeld ergibt sich damit ein Schaden im Dunkelfeld von etwa vierundzwanzig Milliarden Euro und damit ein Gesamtschaden von dreißig Milliarden Euro pro Jahr. In der Literatur findet man allerdings eine große **Schwankungsbreite,** die bei etwa vier Milliarden Euro anfängt und bis in den mittleren dreistelligen Milliardenbereich reicht (nach Bundeslagebild Wirtschaftskriminalität BKA i. V. m. PKS eher vier Milliarden Euro, Studie der Universität Linz aus dem Jahr 2009: 350 Mrd EUR [einschl. Schwarzarbeit], vgl. Schwind, S. 473 f.). Der Grund ist in der Unsicherheit der Schätzungsgrundlagen zu suchen.

Laut einer Studie von PricewaterhouseCoopers und der Universität Halle-Wittenberg aus dem Jahr 2016 waren 51 % der befragten Unternehmen von Wirtschaftskriminalität betroffen. Dennoch sind inzwischen die im Bereich der Wirtschaftskriminalität registrierten Straftaten insgesamt rückläufig und befanden sich im Jahr 2016 auf dem niedrigsten Stand der letzten fünf Jahre. Allerdings müssen im Rahmen der Gesamtbetrachtung neben den materiellen Schäden auch die durch wirtschaftskriminelles Handeln **mittelbar verursachten,** nicht messbaren Schäden betrachtet werden, wie etwa Wettbewerbsverzerrungen, Haftungsrisiken, Reputationsschäden und Vertrauensverluste (BKA, Bundeslagebild Wirtschaftskriminalität 2016, 5).

2.5 Bekämpfung

Wirtschaftskriminelle Straftäter nutzen gezielt die Schwächen der Wirtschafts- und Rechtsordnung aus und sind so nur schwer zu entdecken. Werden sie entdeckt, können sie sich aufgrund ihrer wirtschaftlichen Situation regelmäßig hochspezialisierter und fachlich versierter Strafverteidiger bedienen, was – in Verbindung mit der regelmäßig komplexen Beweissituation – eine **Verurteilung erschwert.** Dies hat der Gesetzgeber zum Anlass genommen, die Möglichkeiten zur Bekämpfung der Wirtschaftskriminalität zu verbessen.

In erster Linie ist hierbei das **Schließen von Gesetzeslücken** hervorzuheben. In Kap. 1.2 wurde insoweit schon auf die zahlreichen Gesetzesinitiativen und -reformen hingewiesen. Exemplarisch sind hier insbesondere die Einführung der Tatbestände des Subventions-, Kapitalanlage- und Kreditbetrugs im Jahr 1976, des Computer- und Umweltstrafrechts ab dem Jahr 1986 sowie die Bekämpfung der organisierten Kriminalität ab dem Jahr 1992 und der Schwarzarbeit ab dem Jahr 2004 zu nennen.

Weiterhin sind die **Konzentrierung und Spezialisierung der Strafverfolgung** zu nennen. Dies geschah zunächst durch die Einrichtung von spezialisierten Polizeidienststellen seit den 1950er Jahren, den Aufbau von Schwerpunktstaatsanwaltschaften ab dem Jahr 1968 und die Bildung von Wirtschaftsstrafkammern ab Anfang der 1970er Jahre. Auch heute noch werden neue Wege bei der Strafverfolgung eingeschlagen, etwa in Form der Unterstützung der Strafverfolgungsbehörden durch Ökonomen als Wirtschaftsreferenten. Dennoch ist zu attestieren, dass die staatsanwaltschaftliche Ermittlungsdauer bei Wirtschaftsdelikten durchschnittlich 430 Tage beträgt, die Gesamtermittlungsdauer sogar 590 Tage (Liebl, XXXIV). Bei den Schwerpunktstaatsanwaltschaften werden circa 40 % der Verfahren gem. § 170 Abs. 2 StPO mangels hinreichenden Tatverdachts eingestellt (Bussmann/Salvenmoser, S. 209).

Schließlich wurden **Präventionsmaßnahmen** in der Wirtschaft eingeführt, und zwar in Form von internen Kontrollen und Compliance Management Systemen, durch die Einstellung von Compliance Officern, das Einrichten von (anonymen) Hinweisgebersystemen („Whistleblowing") bis hin zu der Schulung von Führungskräften und der Vorlage von polizeilichen Führungszeugnissen bei der Einstellung von Mitarbeitern in sensiblen Unternehmensbereichen. In der Wirtschaft kam es weiterhin zur Gründung von **privaten Schutzvereinigungen** (Schutzverband gegen Wirtschaftskriminalität, Stiftung Warentest, Wirtschaftsauskunfteien, Wettbewerbszentrale etc.).

2.6   Rechtsfolgen

Gegen natürliche Personen können die allgemeinen **Kriminalstrafen,** also Freiheitsstrafe (§§ 38 ff. StGB) und Geldstrafe (§§ 40 ff. StGB) verhängt werden. Zudem können Maßregeln der Besserung und Sicherung verhängt werden. Im Wirtschaftsstrafrecht ist diesbezüglich insbesondere die Anordnung von **Berufsverboten** (§§ 70 ff. StGB) relevant.

Geldstrafen bewirken bei Delinquenten im Bereich des Wirtschaftsstrafrechts – aufgrund ihrer regelmäßig potenten wirtschaftlichen Situation – grundsätzlich nur wenig (Breland, 1974). Hingegen verzeichnen **Freiheitsstrafen** eine höhere abschreckende Wirkung, ebenso wie die Verhängung von **Berufsverboten** (gem. § 70 StGB). Zudem führt eine Bloßstellung potenzieller Täter durch massenmediale Berichterstattung zu erheblichen Image- und Reputationsverlusten bei dem mutmaßlichen Täter sowie den betroffenen Unternehmen.

Neben den o. g. Rechtsfolgen der Tat gibt es im Strafrecht zudem weitere spezifische Mechanismen zur Gewinnabschöpfung (sog. **Nebenfolgen**), mit denen Unternehmen oder Individualpersonen, die durch Straftaten bereichert worden sind, der erlangte Profit wieder entzogen werden kann. Hierzu zählen insbesondere die **Einziehung** nach §§ 73, 73b StGB sowie die **Einziehung von Tatprodukten** und/oder **Tatmitteln** nach §§ 74, 74e ff. StGB.

Neben der Sanktionierung von **natürlichen Personen** ermöglichen es zudem die §§ 30, 130 OWiG, aus dem Unternehmen heraus begangene betriebsbezogene Straftaten oder Ordnungswidrigkeiten unter bestimmten Voraussetzungen durch die Verhängung von Geldbußen – entweder gegen den Betriebsinhaber oder gegen das Unternehmen selbst – zu sanktionieren.

In der medialen Berichterstattung wird in diesem Zusammenhang häufig von sogenannten „**Deals**" berichtet. Damit ist eine Verständigung zwischen Gericht, Staatsanwaltschaft und Angeklagtem gemeint, die sich zwecks Verfahrensverkürzung auf einen einvernehmlichen Abschluss des Strafverfahrens einigen. Verfahrensverkürzende Absprachen im Strafprozess sind aufgrund steigender Arbeitsbelastung und komplexer werdenden Verfahren heute gerichtlicher „Alltag". Bis zum Jahr 2009 war der „Deal" jedoch nicht gesetzlich normiert. In der Vergangenheit waren im Zusammenhang mit Absprachen in Strafverfahren u. a.

die Besorgnis richterlicher Befangenheit, die unzulässige Willensbeeinflussung des Angeklagten sowie die Verletzung des „Fair Trial"-Grundsatzes gerügt worden (BGH NJW 2005, 1440). Der Bundesgerichtshof (BGH) formulierte daher im Jahr 2005 zahlreiche Voraussetzungen für die Wirksamkeit von Verständigungen und appellierte an den Gesetzgeber, tätig zu werden (BGH NJW 2005, 1440). Zur Legitimation und Reglementierung der Absprachepraxis wurde daraufhin im Jahr 2009 die Verständigung im Strafprozess in § 257c StPO normiert (Nistler JuS 2009, 916). Danach bleibt u. a. der Amtsaufklärungsgrundsatz von der Verständigung unberührt, § 257c Abs. 1 S. 2 StPO. Das Gericht muss also den wahren Sachverhalt ermitteln und darf ein Geständnis des Angeklagten nicht „blind" übernehmen, sondern muss es durch weitere Beweismittel (z. B. Zeugen, Urkunden) auf seinen Wahrheitsgehalt hin überprüfen und ausschließen, dass der Angeklagte sich zu Unrecht belastet. Gegenstand der Verständigung dürfen zudem die Rechtsfolgen, nicht aber der Schuldspruch sein (§ 257c Abs. 2 StPO), denn die strafrechtliche Bewertung eines Sachverhalts darf nicht Gegenstand einer Vereinbarung sein. Das Gericht darf Strafober- und Untergrenzen angeben (§ 257c Abs. 3 S. 2 StPO), die Zusage einer bestimmten Strafe ist aber nach wie vor unzulässig. Neben § 257c StPO sind einige „flankierende" Transparenz- und Formvorschriften der StPO zu nennen (Jahn/Müller NJW 2009, 2625). So ist ein Rechtsmittelverzicht des Angeklagten ausgeschlossen, wenn dem Urteil eine Verständigung voraus gegangen ist, § 302 Abs. 1 S 2 StPO. Ferner müssen Ablauf, Inhalt und Ergebnis einer Verständigung protokolliert werden, § 273 Abs. 1a StPO. Hierdurch soll sichergestellt werden, dass die Einhaltung der Vorschriften des § 257c StPO (insbesondere durch das Revisionsgericht) überprüft und festgestellt werden kann, ob eine unzulässige Vereinbarung getroffen wurde (Meyer-Goßner/Schmitt, § 273 Rn. 12a).

Eine andere Möglichkeit, das Strafverfahren **ohne Urteil** zu beenden, sehen die §§ 153a ff. StPO vor, sog. „Absehen von der Verfolgung unter Auflagen und Weisungen". Im Wirtschaftsstrafrecht relevant ist insbesondere die **Einstellung des Verfahrens unter Auflagen** gem. **§ 153a StPO,** wobei als Auflage in der Regel die Zahlung einer Geldauflage nach § 153a Abs. 1 S. 2 Nr. 2 StPO Anwendung findet. Sinn und Zweck der Regelung des § 153a StPO ist ein Beschleunigungs- und Entlastungseffekt; die Norm ist als „eine Art Freikauf vom Verfolgungsrisiko" anzusehen (Meyer-Goßner/Schmitt, § 153a Rn. 2). Bekannte Beispiele für die Anwendung des § 153a StPO sind u. a. das Verfahren gegen Bernie Ecclestone (Verfahrenseinstellung im Jahr 2014 gegen Zahlung von 74 Mio EUR) oder das „Mannesmann-Verfahren" (Verfahrenseinstellung im Jahr 2007 gegen Zahlung von insgesamt 5,8 Mio EUR).

Das vorliegende Kapitel gibt einen Überblick über die umfangreiche und komplexe Materie des allgemeinen Wirtschaftsstrafrechts.

3.1 Struktur

Ein Verhalten ist nur dann eine (Wirtschafts-) Straftat, wenn es den objektiven und subjektiven Tatbestand eines Strafgesetzes erfüllt und darüber hinaus rechtswidrig und schuldhaft ist. Diese Voraussetzungen gelten grundsätzlich auch für Ordnungswidrigkeiten, allerdings wird in § 12 OWiG von „vorwerfbarem" anstelle von schuldhaftem Verhalten gesprochen. Besonderheiten im Wirtschaftsstrafrecht ergeben sich darüber hinaus bei der Abgrenzung von **Täterschaft und Teilnahme** (§§ 25 ff.) bzw. den verschiedenen **Teilnahmeformen** (§§ 26, 27) sowie der **mittelbaren Täterschaft** (§ 25 Abs. 1, 2. Alt.).

3.2 Objektiver Tatbestand

3.2.1 Tathandlung

Strafbares Verhalten setzt bei den **Begehungsdelikten** eine Handlung – also ein willensgetragenes menschliches Verhalten (Fischer, vor § 13 Rn. 7) – voraus. Juristische Personen oder Personenvereinigungen können nicht im strafrechtlichen Sinne „**handeln**". Darüber hinaus sind sie nach herrschender Meinung (h. M.) auch nicht **schuld-** und **straffähig** (Laue Jura 2010, 339 f.). Mit einer Kriminalstrafe kann somit nur die natürliche Person, die für eine juristische Person oder

© Springer Fachmedien Wiesbaden GmbH, ein Teil von Springer Nature 2019
D. Graewe und L. Senuysal, *Wirtschaftsstrafrecht in der Unternehmenspraxis*,
essentials, https://doi.org/10.1007/978-3-658-24479-8_3

Personenvereinigung handelt, sanktioniert werden – mangels einer Individual-strafbarkeit aber nicht die juristische Person selbst. Ein **„Unternehmens"-** oder **„Verbandsstrafrecht"** existiert im deutschen Recht bislang nicht. Die Frage nach der strafrechtlichen Verantwortlichkeit von juristischen Personen und Personen-vereinigungen wird daher auch als **„Schlüsselfrage des modernen Wirtschafts-strafrechts"** bezeichnet (Laue Jura 2010, 339). Das bedeutet jedoch nicht, dass juristische Personen in Deutschland nicht sanktionierbar sind. Denn das deutsche Straf- und Ordnungswidrigkeitenrecht beinhaltet Regelungen und Grundsätze, die es ermöglichen, sowohl deliktisches Handeln als auch Unterlassen in Personenver-einigungen sachgerecht zuzurechnen.

Im Folgenden werden die diesbezüglich wichtigsten Normen und von der Rechtsprechung aufgestellten Grundsätze dargestellt.

3.2.2 Organ- und Vertreterhaftung

§ 14 ist eine „Strafausdehnungsvorschrift" (Leipold/Tsambikakis/Zöller, § 14 Rn. 2.), die eine Organ- und Vertreterhaftung statuiert. Diese Norm dehnt bei **Sonder-** und **Pflichtdelikten** den Anwendungsbereich der Tatbestände, die sich an einen bestimmten Normadressaten richten, auf Personen aus, die stellvertretend für diesen tätig werden (Fischer, § 14 Rn. 1b). Voraussetzung hierfür ist nach § 14 Abs. 1 Nr. 1 – 3, dass der Handelnde als vertretungsberechtigtes Organ(teil) einer juristischen Person (§ 14 Abs. 1 Nr. 1), als vertretungsberechtigter Gesellschafter einer rechtsfähigen Personengesellschaft (§ 14 Abs. 1 Nr. 2) **oder** als gesetzlicher Vertreter eines Unternehmens (§ 14 Abs. 1 Nr. 3) tätig wird. Eine zu § 14 inhalts-gleiche Vorschrift existiert mit § 9 OWiG im **Ordnungswidrigkeitenrecht.**

3.2.3 (Unechtes) Unterlassen

Ein besonderes Problem im Wirtschaftsstrafrecht ist die Strafbarkeit durch **Unterlassen.** Neben dem positiven Handeln wird im Strafrecht entweder aus-drücklich (im jeweiligen Straftatbestand) oder über die Norm des § 13 auch die **Nichtvornahme** einer gebotenen Handlung – das Unterlassen – strafbewehrt. Begrifflich wird differenziert zwischen **echtem** Unterlassen (Esser/Rübenstahl/Saliger/Tsambikakis, 67), bei dem im jeweiligen Straftatbestand das Unterlassen ausdrücklich unter Strafe gestellt wird (z. B. § 266a, § 370 AO) und **unechtem** Unterlassen – das „begehungsgleiche" Unterlassen –, das in § 13 unter Strafe gestellt wird.

Voraussetzung für eine Strafbarkeit durch Unterlassen nach § 13 ist u. a., dass der Unterlassende eine **Garantenstellung** innehat und daher rechtlich dafür einzustehen hat, dass ein strafrechtlich missbilligter Erfolg nicht eintritt. Eine solche Garantenstellung kann sich aus Gesetz, Vertrag, vorangegangenem gefährdenden Tun **(Ingerenz)** oder einer engen Lebensgemeinschaft ergeben (Fischer, § 13 Rn. 11 f.).

Ein besonderes Problem im Wirtschaftsstrafrecht ist – auch im Bereich der Unterlassungsdelikte – die häufige Übertragung **(Delegation)** von Handlungspflichten auf Dritte. Dies ist – je nach betrieblicher Struktur – grundsätzlich rechtlich zulässig und insbesondere bei Großunternehmen mit zahlreichen Hierarchieebenen und arbeitsteiligen Prozessen auch erforderlich. Hierdurch entsteht jedoch eine erhebliche räumliche, zeitliche und inhaltliche Distanz zwischen der **Geschäftsleitung** und dem ausführenden einzelnen **Mitarbeiter.** Die persönliche Handlungspflicht des Delegierenden wandelt sich daher im betrieblichen Bereich in eine **Informations-, Koordinations-** und **Aufsichtspflicht** gegenüber der eingesetzten Hilfsperson (Esser/Rübenstahl/Saliger/Tsambikakis, Vorbemerkungen zu § 13 Rz. 93; Schmidt-Salzer NJW 1990, 2968). Während weitgehend Einigkeit darüber besteht, dass die Unternehmensleitung eine Garantenpflicht zur Beherrschung **sachlicher** Betriebsgefahren trifft, ist indes umstritten, ob und in welchem Umfang eine solche Pflicht auch zur Beherrschung **personeller** Gefahrenquellen besteht (Lindemann/Sommer Jus 2015, 1057). Ob und inwieweit durch Aufgabendelegation eine strafrechtliche **Garantenstellung** der Unternehmensleitung für die ihr unterstellten Mitarbeiter begründet wird, hängt maßgeblich von der Aufteilung der Aufgaben- und Verantwortungsbereiche innerhalb des Unternehmens ab.

Hier gibt es im Wesentlichen **vier Fallgruppen:**

- Garantenpflicht aufgrund beruflicher Stellung im Unternehmen (insbes. „**Compliance Officer**“);
- Garantenpflicht aus dem gesellschaftsrechtlichen Grundsatz der **Allzuständigkeit und Generalverantwortung der Geschäftsleitung;**
- Garantenpflicht wegen des Einflusses auf Mitarbeiter („**Geschäftsherrenhaftung**“);
- Garantenpflicht aus **Produkthaftung.**

3.2.3.1 Compliance Officer

Die Garantenpflicht aufgrund der beruflichen Stellung im Unternehmen ist insbesondere bei **Compliance Officern** relevant. Dies sind Personen, die in Unternehmen eingesetzt werden, um durch Schulung und Sensibilisierung der Mitarbeiter des Unternehmens zu verhindern, dass diese gegen unternehmensbezogene oder gesetzliche Vorschriften verstoßen. Hierdurch sollen Haftungsrisiken minimiert und Reputationsverluste vermieden werden. Der BGH hat bspw. Leitern der Rechtsabteilung und der Innenrevision eine mögliche Garantenstellung attestiert (BGH, Urteil vom 17. Juli 2009 – 5 StR 394/08 –, BGHSt 54, 44–52, Rn. 20). Hierbei ist auf den konkret **übernommenen Pflichtenkreis** abzustellen. Es ist danach zu differenzieren, ob der Beauftragte lediglich *gegen* das Unternehmen gerichtete Pflichtverstöße aufzudecken und zu verhindern hat, oder ob er auch vom Unternehmen *ausgehende* Rechtsverstöße zu beanstanden und zu unterbinden hat. Ist beides der Fall, so obliegt **Compliance Officern** grundsätzlich eine Garantenstellung. Denn ihr Aufgabengebiet umfasst dann auch die Verhinderung von Rechtsverstößen, insbesondere solcher, die aus dem Unternehmen heraus begangen werden und aus denen erhebliche Nachteile wie Haftungsrisiken und Reputationsverluste resultieren können. Daher ist der Compliance-Beauftragte aufgrund seiner besonderen Stellung im Unternehmen regelmäßig Adressat einer strafbewehrten Überwachungs-, Informations- und Kontrollpflicht.

3.2.3.2 Grundsatz der Allzuständigkeit und der Generalverantwortung der Geschäftsleitung

Eine Garantenpflicht kann überdies aus dem gesellschaftsrechtlichen **Grundsatz der Allzuständigkeit und der Generalverantwortung** resultieren. Innerhalb der Geschäftsleitung insbesondere großer Unternehmen werden Zuständigkeiten und Verantwortlichkeiten für einzelne Bereiche regelmäßig verschiedenen leitenden Mitarbeitern des mittleren Managements zugewiesen (sog. **Ressortzuständigkeit**). Typische Ressortzuständigkeiten sind Controlling, Entwicklung, Produktion, Technik, Vertrieb oder Personalwesen. Vereinfacht zusammengefasst gilt hier der **Grundsatz,** dass unternehmensinterne Zuständigkeitsverteilungen und Aufgabendelegationen die deliktische Verantwortlichkeit des Geschäftsführers nach innen und nach außen **beschränken.** Die Mitglieder der Geschäftsleitung sollen grundsätzlich darauf vertrauen dürfen, dass sich andere leitende Angestellte innerhalb des ihnen zugewiesenen Arbeitsbereichs rechtmäßig verhalten. Allerdings hat der Geschäftsführer kraft seiner Allzuständigkeit bestimmte Überwachungspflichten. Diese verpflichten ihn zum Einschreiten **(Wiederaufleben der originären Geschäftsleitungsverantwortung),** wenn Anhaltspunkte dafür bestehen, dass die pflichtgemäße Aufgabenerfüllung durch den jeweiligen Ressortleiter nicht (mehr) gewährleistet ist (BGH NJW 1997, 130; BGH NJW-RR 1986, 1293; BGH NJW 1990, 2560). Dies betrifft insbesondere die Fälle, in denen ein von Unternehmen hergestelltes und vertriebenes, fehlerhaftes Produkt die Gefahr von Gesundheitsschäden bei den Verbrauchern birgt (Schmidt-Salzer NJW 1990, 2968).

3.2.3.3 Geschäftsherrenhaftung

Das Rechtsinstitut der **Geschäftsherrenhaftung** betrifft die Frage, ob und in welchem Umfang leitende Angestellte eines Unternehmens (Betriebsinhaber, Vorstände und Geschäftsführer) wegen Unterlassens (§ 13) für Straftaten verantwortlich gemacht werden können, die eigenverantwortlich von Angestellten ihres Unternehmens begangen werden (Schlösser NZWiSt 2012, 281). Eine solche Haftung setzt zunächst voraus, dass der Geschäftsherr als **Garant** gemäß § 13 Abs. 1 rechtlich dafür einzustehen hat, dass aus dem von ihm geleiteten Betrieb heraus keine Straftaten begangen werden.

Wenn es im Unternehmen zu strafbaren Handlungen durch Mitarbeiter kommt, ist bei der Prüfung der strafrechtlichen (Unterlassungs-) Haftung des Geschäftsherrn in **zwei Schritten** vorzugehen: Zunächst muss geprüft werden, ob **überhaupt** eine Garantenpflicht des Geschäftsherrn (§ 13) hinsichtlich der Verhinderung von Straftaten nachgeordneter Mitarbeiter besteht. Wenn dies der Fall ist, ist in einem zweiten Schritt die **sachliche Reichweite** dieser Garantenstellung festzustellen.

Aus der Stellung als Betriebsinhaber bzw. Vorgesetzter kann sich grundsätzlich eine Garantenpflicht zur Verhinderung von Straftaten nachgeordneter Mitarbeiter ergeben, die die Unternehmensleitung dazu verpflichtet, von ihrem Betrieb ausgehende Risiken zu überwachen und entsprechende organisatorische Vorkehrungen zu treffen. Sie ist nicht auf **sachbezogene** Gefahren begrenzt, sondern umfasst auch die Pflicht zur **Verhinderung betriebsbezogener Straftaten** von Mitarbeitern (Dannecker NZWiSt 2012, 443). Denn nach dem **Gefahrenargument** obliegt dem Betriebsinhaber aufgrund seiner Organisationsmacht eine Verkehrssicherungspflicht zur Verhinderung der von der Gefahrenquelle „Betrieb" ausgehenden **sachlichen wie personellen** Gefahren (Wittig, § 6 Rn. 58).

Wenn nach diesen Grundsätzen eine Garantenpflicht des Betriebsinhabers zur Verhinderung von Straftaten nachgeordneter Mitarbeiter **dem Grunde nach** besteht, ist in einem zweiten Schritt die **sachliche Reichweite** dieser Geschäftsherrenhaftung zu prüfen. Denn ersichtlich kann der Geschäftsherr nicht generell für eine **insgesamt straffreie Lebensführung** seiner Mitarbeiter während der Arbeitszeit verantwortlich gemacht werden. Daher beschränkt sich die strafrechtliche Geschäftsherrenhaftung auf die Verhinderung **betriebsbezogener** Straftaten, also solcher Straftaten, die einen inneren Zusammenhang mit der betrieblichen Tätigkeit aufweisen. Die Tat muss demnach Ausdruck der dem Betrieb oder der speziellen Tätigkeit des Mitarbeiters **immanenten Gefahren** sein; sie darf sich nicht außerhalb des Betriebes ganz genauso ereignen können.

3.2.3.4 Produkthaftung

Schließlich kann sich eine Garantenpflicht aus dem **Grundsatz der Produkthaftung** ergeben. Wenn ein Produkt in den Verkehr gebracht und später bekannt wird, dass es zu Gesundheitsschädigungen der Kunden führen kann, muss die Unternehmensleitung tätig werden, um einen Schadenseintritt bei den Verbrauchern zu vermeiden. Im Rahmen der strafrechtlichen Produkthaftung ist grundsätzlich danach zu differenzieren, ob die Gefährlichkeit des Produkts bereits **bei** dessen Inverkehrbringen erkennbar war, oder ob sich diese erst **nach** Inverkehrbringen herausstellte. Lediglich dann, wenn ein Produkt bei **Erkennbarkeit** seiner Gefährlichkeit in den Verkehr gebracht wird, besteht eine Garantenstellung aus **Ingerenz** (pflichtwidrigem Vorverhalten).

3.3 Täterschaft und Teilnahme

Im Wirtschaftsstrafrecht stellt sich – mangels einer Unternehmensstrafbarkeit – oftmals die Problemstellung, welche der für das Unternehmen handelnden Personen strafrechtlich zur Verantwortung zu ziehen sind, also wer im strafrechtlichen Sinne gehandelt hat. Gesetzlich wird zur Bestimmung der strafrechtlichen Verantwortlichkeit zwischen **Täterschaft** (Allein-/ oder Mittäterschaft, § 25) und **Teilnahme** (Anstiftung und Beihilfe, §§ 26, 27) differenziert.

3.3.1 Täterschaft

§ 25 Abs. 1 und 2 enthalten Legaldefinitionen von Täterschaft und Mittäterschaft. Nach § 25 Abs. 1 ist (Allein-)**Täter,** „wer die Straftat selbst (…) begeht". Die h. M. in der **Literatur** bestimmt dies anhand der **Tatherrschaftslehre.** Täter ist danach, wer die Tat beherrscht, das Tatgeschehen „in den Händen hält", über „Ob" und „Wie" der Tat maßgeblich entscheidet und damit „Zentralgestalt des Geschehens" der Tatbestandsverwirklichung ist (Schönke/Schröder, Vorbemerkungen zu den §§ 25 ff. Rn. 57–60). Aktuell nimmt der BGH die Abgrenzung der Beteiligungsformen anhand einer **„wertenden Gesamtbetrachtung"** vor, wonach auf die gesamten Umstände abzustellen ist, die von der Vorstellung des Täters umfasst sind. Wesentliche Anhaltspunkte für die Annahme einer Täterschaft sind demnach der Grad des eigenen Interesses am Taterfolg, der Umfang der Tatbeteiligung, die Tatherrschaft oder wenigstens der Wille zur Tatherrschaft (BGH NStZ 2009, 25; BGH NStZ-RR 2009, 199). Bei den **Allgemeindelikten** (z. B. Körperverletzung) kann jedermann Täter sein. Anders ist es bei den – im Wirtschaftsstrafrecht häufig vorkommenden – **Sonderdelikten.** Dies sind Delikte, die nur von einem bestimmten Täterkreis mit bestimmten Eigenschaften begangen werden können (z. B. § 266a) (Wittig, § 6 Rn. 1).

3.3.2   Mittelbare Täterschaft

Ebenfalls ist als Täter strafbar, wer die Tat **„durch einen anderen"** begeht, § 25 Abs. 1, 2. Alt. (mittelbare Täterschaft). Dies setzt voraus, dass der Hintermann sich zur Tatbegehung eines **Tatmittlers** bedient, den er als Werkzeug instrumentalisiert. Hierbei nutzt der Hintermann die aus tatsächlichen oder rechtlichen Gründen unterlegene Stellung des Vordermannes aus, um so das Geschehen kraft seiner Wissens- und Willensherrschaft zu lenken und die Tat zu verwirklichen. Vereinfacht ausgedrückt, liegt mittelbare Täterschaft vor, wenn der Hintermann sich zielgerichtet einer gar nicht oder nur eingeschränkt strafrechtlich verantwortlich handelnden Person bedient. Die Ausdehnung der mittelbaren Täterschaft auf Wirtschaftsunternehmen ist aber umstritten. Der BGH bejaht in ständiger Rechtsprechung die grundsätzliche Anwendbarkeit dieser Fallgruppe auch auf unternehmerische Betätigungen (BGHSt 40, 218; 48, 331, 342; 49, 147, 163 f. – Bremer Vulkan; BGH NStZ 2004, 457, 458; 2008, 89, 90; NJW 1998, 767, 769). Voraussetzung hierfür ist, dass bestimmte Rahmenbedingungen durch Organisationsstrukturen geschaffen werden, die regelhafte Abläufe auslösen und dass diese Bedingungen ausgenutzt werden, um die erstrebte Tatbestandsverwirklichung herbeizuführen (BGH, Urteil vom 03. Juli 2003 – 1 StR 453/02 –, Rn. 79 m. w. N.). Handelt der Geschäftsleiter in solchen Fällen in Kenntnis dieser Umstände und nutzt er die Tatbereitschaft des unmittelbar Handelnden aus, so ist er Täter in Form der mittelbaren Täterschaft (Krause in: Krieger/Schneider, Rn. 40.7 m. w. N.).

3.3.3   Mittäterschaft

Begehen mehrere die Straftat **gemeinschaftlich,** so wird jeder als Täter bestraft (Mittäterschaft), § 25 Abs. 2. Bei gemeinschaftlicher Tatbestandsverwirklichung durch mehrere Mittäter ist folglich Mittäterschaft gegeben. Mittäterschaft ist keine besondere Form der Täterschaft, sondern eine Form der **Zurechnung fremden Handelns** (Fischer, § 25 Rn. 24). Wenn jeder der Beteiligten in eigener Person sämtliche Tatbestandsmerkmale erfüllt, wirkt bereits das **eigene** Verhalten täterschaftsbegründend, ohne dass hierfür eine wechselseitige Zurechnung fremder Tatbeiträge erforderlich ist. Wenn hingegen jeder der Beteiligten infolge arbeitsteiligen Vorgehens nur **Teile** des gesetzlichen Tatbestandes erfüllt, bedarf es zur Begründung der Täterschaft des mittäterschaftlichen Zurechnungsprinzips (Schönke/Schröder/Heine/Weißer § 25 Rn. 61). Hiernach werden unter bestimmten Voraussetzungen jedem Mittäter auch die Tatanteile der anderen Tatbeteiligten als seine eigenen zugerechnet. Er wird also so behandelt, als hätte er selbst in eigener Person alle Tatbestandsmerkmale erfüllt. Die Abgrenzung zwischen Mittäterschaft und Teilnahme nimmt der BGH anhand einer **wertenden Gesamtbetrachtung** vor. Voraussetzung mittäterschaftlicher Zurechnung ist demnach, dass die einzelnen Tatbeiträge sich jeweils als Teil der Verwirklichung eines zuvor gefassten, gemeinsamen deliktischen Gesamtplans darstellen. Kriterien zur Abgrenzung mittäterschaftlicher von sonstiger Beteiligung sind der Grad des eigenen Interesses am Taterfolg, der Umfang der Tatbeteiligung, die objektive Tatherrschaft und der Wille zur Tatherrschaft (Fischer, § 25 Rn. 27 m. w. N.). Im **Wirtschaftsstrafrecht** wird das Rechtsinstitut der Mittäterschaft insbesondere relevant bei der Frage der Kausalität von Stimmabgaben im Rahmen von **Gremienentscheidungen** (dazu später).

3.3.4   Anstiftung und Beihilfe

Bei den Teilnahmeformen unterscheidet das Strafgesetzbuch zwischen der **Anstiftung** gemäß § 26 und der **Beihilfe** gemäß § 27. Beide Normen enthalten Legaldefinitionen der jeweiligen Teilnahmeform. Anstifter ist, wer vorsätzlich einen anderen zu dessen vorsätzlicher und rechtswidriger Haupttat bestimmt hat (§ 26). Gehilfe ist, wer vorsätzlich einem anderen zu dessen vorsätzlich begangener rechtswidriger Haupttat Hilfe geleistet hat (§ 27). Beide Teilnahmeformen setzen also eine vorsätzlich begangene, rechtswidrige Haupttat voraus. **Anstiftung** wird definiert als das vorsätzliche „Bestimmen" (also das Hervorrufen eines Tatentschlusses) einer anderen Person zur Begehung einer vorsätzlichen rechtswidrigen Tat, über die nicht der Anstifter, sondern der Haupttäter die Tatherrschaft haben soll (Fischer, § 26 Rn. 2, 27 m. w. N.). Ein **„Hilfeleisten"** liegt in jedem Tatbeitrag, der die Haupttat entweder ermöglicht, erleichtert oder die vom Täter begangene Rechtsgutverletzung verstärkt **(Förderkausalität)** (Schönke/Schröder/Heine/Weißer § 27 Rn. 3–7).

Auch bei den Teilnahmeformen birgt das Wirtschaftsstrafrecht besondere Problemkonstellationen. Hier ist zum einen das Rechtsinstitut der **notwendigen Teilnahme** zu nennen. Wenn ein Tatbestand zu seiner Erfüllung notwendigerweise das Zusammenwirken mehrerer Personen voraussetzt, liegt ein Fall der notwendigen Teilnahme vor. Bei der **Beihilfe** (§ 27) stellt sich bei wirtschaftsstrafrechtlichen Sachverhalten die Problematik der Beihilfestrafbarkeit durch **neutrale** oder **berufstypische** Handlungen. Betroffen sind hierbei insbesondere Berater (z. B. Steuerberater, Rechtsanwälte) und vergleichbare Außenstehende (z. B. Bankmitarbeiter). Wenn der Hilfeleistende von dem Deliktsentschluss des Haupttäters **weiß** und sein Tatbeitrag einen **deliktischen Sinnbezug** aufweist (d. h. wenn der Tatbeitrag des Gehilfen ohne die strafbare Handlung für den Haupttäter sinnlos wäre), verliert die Handlung des Teilnehmers ihren Alltagscharakter und ist als „Solidarisierung" mit dem Täter zu deuten. Der Teilnehmer ist dann wegen Beihilfe strafbar (BGH, Urteil vom 22. Januar 2014 – 5 StR 468/12 –, Rn. 26). Weiß der Hilfeleistende dagegen nicht, wie der von ihm geleistete Beitrag vom Haupttäter verwendet wird und **hält** er es lediglich **für möglich,** dass sein Tun zur Begehung einer Straftat genutzt wird, handelt er lediglich mit bedingtem (Gehilfen-) Vorsatz. Sein Handeln ist regelmäßig noch nicht als strafbare Beihilfehandlung zu beurteilen, wenn er wegen des Alltagscharakters seines Tuns auf die Legalität des fremden Handelns vertrauen durfte (Fischer, § 27 Rn. 18b).

3.4 Kausalität und objektive Zurechnung

Im Strafrecht werden zwei Arten von Deliktstypen unterschieden: einerseits die **Tätigkeitsdelikte,** andererseits die **Erfolgsdelikte.** Bei den Tätigkeitsdelikten ist der Tatbestand bereits mit Vorliegen der **Tathandlung** erfüllt. Ein über dieses Tun hinausgehender Erfolg braucht nicht zusätzlich einzutreten. Bei den Erfolgsdelikten hingegen muss ein bestimmter **Erfolg** eintreten, der noch nicht in der Tathandlung selbst enthalten ist.

Bei den Erfolgsdelikten ist erforderlich, dass zwischen der Tathandlung und dem Erfolgseintritt ein **Kausalzusammenhang** besteht. Ob ein solcher Kausalzusammenhang besteht, prüft die Rechtsprechung anhand der Bedingungstheorie (**Äquivalenztheorie**). Danach ist eine Handlung dann ursächlich für einen Erfolgseintritt, wenn sie nicht hinweggedacht werden kann, ohne dass der Erfolg in seiner konkreten Gestalt entfiele (**„conditio-sine-qua-non-Formel"**). Hierbei ist unerheblich, ob daneben noch andere Umstände (Alternativursachen) an der Herbeiführung des Erfolges mitgewirkt haben (Wittig, § 6 Rn. 36–37; Fischer, vor § 13 Rn. 20–22). Die Kausalität ist notwendige, aber keine hinreichende Bedingung für die Zurechnung des Erfolgseintritts. Der Taterfolg muss dem Täter darüber hinaus **objektiv zurechenbar** sein. Dies ist nur dann der Fall, wenn der Täter durch sein Verhalten eine rechtlich missbilligte Gefahr geschaffen und sich genau diese Gefahr im konkreten Taterfolg verwirklicht hat (Fischer, vor § 13 Rn. 25). Bei (unechten) **Unterlassungsdelikten** ist das Unterlassen als ursächlich für den Erfolg anzusehen, wenn beim Hinzudenken der gebotenen Handlung diese den Erfolgseintritt verhindert hätte (hypothetische Kausalität) (Schönke/Schröder/Bosch/Stree, § 13, Rn. 61–63).

Die Feststellung des Kausalzusammenhangs gestaltet sich im Wirtschaftsstrafrecht oftmals äußerst schwierig. Hier sind insbesondere zwei Fallgruppen relevant: zum einen die bereits erwähnte **strafrechtliche Produkthaftung**; zum anderen das Abstimmungsverhalten bei **Gremien-/** bzw. **Kollegialentscheidungen** (dazu sogleich).

3.4.1 Produkthaftung

Durch die Produktion und das Inverkehrbringen von Produkten (z. B. Medikamente, Nahrungsmittel oder sonstige alltägliche Gebrauchsgegenstände) können Gefahren für Rechtsgüter der Verbraucher (z. B. die Gesundheit) entstehen. Auch dann, wenn die **Fehlerhaftigkeit** eines Produkts zweifelsfrei feststeht, stellt sich in strafrechtlicher Hinsicht die Frage der **Schadensursächlichkeit** dieses Fehlers. Der Kausalnachweis gestaltet sich zum einen in **persönlicher** Hinsicht problematisch. Denn durch Produktfehler verursachte Schäden betreffen in der Regel Sachverhalte, die arbeitsteilig strukturiert waren und bei denen sich zahlreiche einzelne innerbetriebliche Tätigkeiten ergänzt und aufeinander aufgebaut haben. Zudem ist bei der strafrechtlichen Produkthaftung die **sachliche** Kausalität (also die Ursächlichkeit des Produktfehlers für den Erfolgseintritt) regelmäßig schwer nachweisbar. Bereits der Nachweis, dass das fragliche Produkt generell – also unabhängig von dem konkreten Einzelfall – geeignet ist, bestimmte Schäden herbeizuführen (**generelle Kausalität**) ist oftmals schwer zu führen (Leitner/Rosenau, § 15 Rn. 17). Noch schwieriger gestaltet sich die Feststellung, dass die Beschaffenheit des Produkts in der konkreten Situation den Taterfolg herbeigeführt hat (**konkrete Kausalität**) (Molitoris in: Kullmann/Pfister/Stöhr/Spindler, B.II.1.).

3.4.2 Kollegialentscheidungen

Kausalitäts- und Zurechnungsprobleme stellen sich darüber hinaus insbesondere bei **Kollegial-** oder **Gremienentscheidungen.** Kausal für einen Erfolg ist – wie bereits dargestellt – jede Handlung, die nicht hinweggedacht werden kann, ohne dass der Erfolg entfiele. Erst in einem zweiten Schritt wird geprüft, ob der Taterfolg dem Täter auch **objektiv zurechenbar** ist. Dies ist nur dann der Fall, wenn der Täter durch sein Verhalten eine rechtlich missbilligte Gefahr geschaffen hat und sich genau diese Gefahr im konkreten Taterfolg verwirklicht hat. Im Wirtschaftsleben werden strafrechtlich relevante Entscheidungen jedoch in der Regel nicht nur von einer Person, sondern von **mehrköpfigen Gremien** (z. B. den Geschäftsführern einer GmbH oder dem Vorstand einer Aktiengesellschaft) getroffen (Fleischer BB 2004, 2645 (2646)). Wenn beispielsweise drei Geschäftsführer einer GmbH einstimmig gegen die Durchführung eines Produktrückrufs stimmen und der Beschluss nur der einfachen Mehrheit bedarf, kann – bezogen auf das einzelne Gremiumsmitglied – dessen Stimmabgabe gegen den Rückruf hinweggedacht werden, ohne dass der Taterfolg entfiele. Denn in diesem Fall wäre der Beschluss mit einer Mehrheit von 2:1 Stimmen gleichermaßen zustande gekommen. Die Äquivalenztheorie versagt in diesem Fall.

Die Rechtsprechung löst dieses Problem über eine wechselseitige **mittäterschaftliche Zurechnung** des Abstimmungsverhaltens aller Kollegialorgane. Laut BGH ist bei Gremienentscheidungen nicht das isolierte Abstimmungsverhalten eines einzelnen Mitgliedes ausschlaggebend. Vielmehr muss sich jedes Mitglied nach den Grundsätzen der Mittäterschaft gemäß § 25 Abs. 2 das jeweilige Abstimmungsverhalten der übrigen Gremiumsmitglieder – und damit das mehrheitlich beschlossene Unterlassen der zur Schadensabwendung erforderlichen Maßnahmen – zurechnen lassen. Eine andere Betrachtungsweise würde zu dem untragbaren Ergebnis führen, dass sich in einer Gesellschaft mit mehreren Geschäftsführern/Vorständen jedes Gremiumsmitglied allein durch den Hinweis auf die gleichartige und ebenso pflichtwidrige Untätigkeit der anderen von seiner Haftung freizeichnen könnte. Entsprechendes gilt nach dem Grundsatz der **sukzessiven Mittäterschaft** (nachträgliches Anschließen an eine zunächst fremde Tat nach deren Beginn, aber vor ihrer Beendigung in Kenntnis und unter Billigung des bisher Geschehenen), wenn ein Gremiumsmitglied bei der maßgeblichen Abstimmung nicht dabei ist, jedoch nachträglich über die getroffenen Entscheidungen informiert wird und sie sodann billigt bzw. ihnen zustimmt (BGHSt 37, 106–135, Rn. 62–63; kritisch: Kaspar in: Leitner/Rosenau, vor § 15, Rn. 32). Wenn im Fall des **Unterlassens** die erforderliche Maßnahme (z. B. Beschluss über den Rückruf eines Produkts) das Zusammenwirken mehrerer Beteiligter erfordert, setzt jedes Gremiumsmitglied, dass trotz seiner Mitwirkungspflicht seinen Beitrag unterlässt, eine Ursache für den Erfolg. Es kann sich nicht mit dem Argument entlasten, dass die gemeinsame gebotene Maßnahme (Kollegialentscheidung über den Rückruf) auch bei pflichtgemäßem Handeln seinerseits unterblieben wäre (Fischer, § 25 Rn. 42; Molitoris in: Kullmann/Pfister/Stöhr/Spindler, B.II.2).

Ein Sonderproblem der strafrechtlichen Zurechnung im Zusammenhang mit Gremienentscheidungen ergibt sich bei der Bewertung von **Stimmenthaltungen** für einen Beschluss, mit dem sich ein Gremium mehrheitlich für ein strafbares Verhalten entscheidet. Wenn das Abstimmungsverhalten bewusst darauf gerichtet war, einen zuvor bereits inhaltlich verabredeten Beschluss wirksam werden zu lassen (durch bloße Teilnahme an der Abstimmung und Herbeiführung der Beschlussfähigkeit des Gremiums bei anschließender taktischer Stimmenthaltung), dann sieht der BGH eine Kausalität auch einer Stimmenthaltung als gegeben an. Ähnlich gestaltet sich die Rechtslage bei **„Nein-Stimmen"**. Grundsätzlich gilt, dass die Gegenvotierung das Kollegialmitglied von der strafrechtlichen Haftung befreit. Anderes kann nur gelten, wenn sich die Beteiligten zuvor dahin gehend abgesprochen haben, dass das gegenvotierende Mitglied durch seine Teilnahme an der Entscheidung die Beschlussfähigkeit des Gremiums herbeiführen soll und die taktische Abgabe der Nein-Stimme Teil der zuvor geschlossenen Unrechtsvereinbarung ist (Kaspar in: Leitner/Rosenau, vor § 15 Rn. 36–37).

3.5 Subjektiver Tatbestand

Strafbar ist nur **vorsätzliches** Handeln, wenn nicht das Gesetz fahrlässiges Handeln ausdrücklich mit Strafe bedroht, § 15. Strafrechtliche Konsequenzen können also bei fahrlässiger Tatbestandsverwirklichung nur entstehen, sofern ein entsprechender **Fahrlässigkeitstatbestand** besteht. **Vorsätzliches** Handeln liegt vor, wenn der Täter wissentlich und willentlich hinsichtlich der Verwirklichung des objektiven Tatbestandes handelt.

3.5.1 Vorsatz

Erscheinungsformen des Vorsatzes sind die **Absicht,** der **direkte Vorsatz** und der **bedingte Vorsatz.** Die Abgrenzung erfolgt je nach Art der Vorstellung und des Willens des Täters:

Bei der Absicht ist der Wille des Täters auf die Herbeiführung des tatbestandlichen Erfolges gerichtet, es kommt ihm gerade hierauf an. Hier steht also der **Willens**faktor im Vordergrund. Bei dem direkten Vorsatz weiß der Täter oder sieht als sicher voraus, dass er den Tatbestand verwirklicht. Hier liegt der Schwerpunkt auf dem **Wissens**faktor. Bedingter Vorsatz kommt hingegen in Betracht, wenn der Täter die Tatbestandsverwirklichung weder anstrebt, noch sie für sicher, sondern nur **für möglich** hält. Der bedingte Vorsatz (auch als **Eventualvorsatz** bezeichnet) ist von der **bewussten Fahrlässigkeit** abzugrenzen. Nach der in der

Rechtsprechung vorherrschenden **Einwilligungs- und Billigungstheorie** liegt bedingter Vorsatz vor, wenn der Täter den Eintritt des tatbestandlichen Erfolges als möglich und nicht ganz fernliegend erkennt und die Tatbestandsverwirklichung billigend in Kauf nimmt, wenn auch der Erfolgseintritt an sich unerwünscht sein mag. In Abgrenzung dazu liegt lediglich **bewusste Fahrlässigkeit** vor, wenn der Täter die Möglichkeit der Tatbestandsverwirklichung erkennt, mit ihr aber nicht einverstanden ist und darauf vertraut, dass der Erfolg nicht eintreten werde. Der Eventualvorsatz wird im Wirtschaftsstrafrecht unter dem Stichwort **„willful blindness"** („mutwillige Blindheit") relevant. Der Begriff bezeichnet Fallgestaltungen, in denen die Unkenntnis der Geschäftsleitung von strafrechtlich relevanten Verhaltensweisen im eigenen Unternehmen nicht auf einem konspirativen Zusammenwirken straffälliger Mitarbeiter beruht, sondern die Mitglieder der Führungsebene vor offensichtlich deliktischen Vorgängen in ihrem Unternehmen die Augen verschließen, deshalb Anzeichen ignorieren und maßgebliche Informationen abblocken (Rönnau/Becker, NStZ 2016, 569).

3.5.2 Fahrlässigkeit

Der Begriff der **Fahrlässigkeit** wird im Strafgesetzbuch nicht legaldefiniert. Die ständige Rechtsprechung und h. M. in der Literatur vertreten eine **zweistufige** Begriffsdefinition: Der Täter muss einen Tatbestand rechtswidrig verwirklichen, indem er **objektiv** gegen eine Sorgfaltspflicht verstößt, die gerade dem Schutz des beeinträchtigten Rechtsgutes dient, was die Rechtsgutverletzung (=Tatbestandsverwirklichung) zur Folge hat. Zudem wird vorausgesetzt, dass der Täter die Tatbestandverwirklichung nach seinen **subjektiven** Kenntnissen und Fähigkeiten vorhersehen und vermeiden konnte (Fischer, § 15 Rn. 3, 5–9b, 12a, 13). Hierbei ist weiter zu differenzieren zwischen der **unbewussten** Fahrlässigkeit, bei der der Täter die Möglichkeit des Erfolgseintritts nicht voraussieht, und der **bewussten** Fahrlässigkeit, bei der der Täter den Erfolgseintritt zwar für möglich hält, aber darauf vertraut, dass der Erfolg nicht eintreten wird.

3.5.3 Tatbestandsirrtum und Verbotsirrtum

In wirtschaftsstrafrechtlichen Sachverhalten stellt sich bei der Vorsatzprüfung oftmals die Problematik der **Irrtümer** und ihrer rechtlichen Behandlung. Dies gilt insbesondere im Hinblick auf den vorsatzausschließenden **Tatbestandsirrtum** (§ 16) sowie den – gegebenenfalls – schuldausschließenden **Verbotsirrtum** (§ 17).

Bei dem Verbotsirrtum gem. § 17 StGB stellt sich zudem die Frage der Vermeidbarkeit des Irrtums. Angesichts der sachlichen und rechtlichen Komplexität des Wirtschaftsstrafrechts dürfte dem Täter bei Zweifeln über die Rechtmäßigkeit unternehmerischen Handelns aber regelmäßig eine Erkundigungspflicht bzw. die Pflicht zur Einholung eines sachkundigen Rechtsrats obliegen (sog. „Legal Judgement Rule") (Wittig, § 5 Rn. 15).

3.6   Rechtswidrigkeit

Voraussetzung der Strafbarkeit ist neben der Verwirklichung der objektiven und subjektiven Tatbestandsmerkmale, dass die Tat rechtswidrig und schuldhaft begangen wurde. Die Rechtswidrigkeit einer Tat wird durch die Tatbestandsverwirklichung lediglich **indiziert.** Sie ist (erst) gegeben, wenn der Tatbestand verwirklicht ist und **Rechtfertigungsgründe fehlen** (Fischer, vor § 13 Rn. 46).

Nach § 34 handelt nicht rechtswidrig, wer in einer gegenwärtigen, nicht anders abwendbaren Gefahr für Leben, Leib, Freiheit, Ehre, Eigentum oder ein anderes Rechtsgut eine Tat begeht, um die Gefahr von sich oder einem anderen abzuwenden. Bei Abwägung der widerstreitenden Interessen muss zudem das geschützte Interesse das beeinträchtigte Interesse wesentlich überwiegen und die Tat muss ein angemessenes Mittel zur Gefahrabwendung sein. § 16 OWiG enthält eine zu § 34 inhaltsgleiche Vorschrift. Dem rechtfertigenden Notstand liegt der Grundsatz der **Güter-** und **Pflichtenabwägung** zugrunde: wenn eine Handlung, die den äußeren Tatbestand einer Straftat erfüllt, das einzige Mittel ist, um ein anderes gefährdetes Rechtsgut zu schützen, ist die Frage der Rechtmäßigkeit (oder Rechtswidrigkeit) der Handlung anhand des Wertverhältnisses der konkurrierenden Rechtsgüter zu entscheiden (OLG Hamm NJW 1952, 838).

In wirtschaftsstrafrechtlichen Sachverhalten wird der rechtfertigende Notstand insbesondere in zwei Konstellationen relevant: Bei Taten zur **Aufrechterhaltung der Produktion** und zur **Sicherung von Arbeitsplätzen** bzw. des eigenen Arbeitsplatzes einerseits sowie bei Taten zur **Abwendung finanzieller Verluste** andererseits.

3.6.1   Aufrechterhaltung der Produktion und Sicherung von Arbeitsplätzen

Die Frage der Rechtfertigung durch Notstand gemäß § 34 bzw. § 16 OWiG wird im Wirtschaftsleben insbesondere relevant, wenn ein Täter eine unternehmensbezogene Straftat begeht, um **Arbeitsplätze** oder die **Produktionsfähigkeit des Betriebes** zu erhalten. Der BGH bejaht in solchen Fällen zwar das Vorliegen einer **Notstandslage** und damit die grundsätzliche **Notstandsfähigkeit** der Rechtsgüter „Aufrechterhaltung der Produktion und Sicherung der Arbeitsplätze" (Schall, NStZ 1992, 215 m. w. N.). Bei der weiter vorzunehmenden **Güter-** und **Interessenabwägung** wird jedoch von der Rechtsprechung in der Regel eine Höherrangigkeit der von dem Täter verfolgten Interessen gegenüber den schutzwürdigen Interessen der Allgemeinheit (z. B. Schutz der Umwelt, Gesundheit und Wirtschaft) verneint (Wittig, § 7 Rn. 4). Insbesondere **Umweltdelikte** sind nicht deshalb gerechtfertigt, weil die Produktionsfähigkeit oder die Arbeitsplätze eines Betriebs durch gesetzlich vorgesehene Umweltschutzmaßnahmen infrage gestellt werden. Eine Berufung auf § 34 bzw. § 16 OWiG ist damit nur ausnahmsweise möglich, wenn es sich um die Abwendung einer außergewöhnlichen, vom Gesetzgeber nicht einkalkulierten Gefahr handelt (Schönke/Schröder/Perron § 34 Rn. 35).

Das **Interesse am eigenen Arbeitsplatz** ist ebenfalls grundsätzlich ein notstandsfähiges Rechtsgut i. S. von § 34 bzw. § 16 OWiG. Aber auch hier fällt die Güter- und Interessenabwägung nur in **Ausnahmefällen** zugunsten des Arbeitnehmers aus, der Straftaten begeht, um seinen Arbeitsplatz zu erhalten. Dies gilt auch, wenn der Arbeitnehmer aufgrund einer verbindlichen **Weisung** seines Arbeitgebers strafbewehrt handelt.

3.6.2 Abwendung finanzieller Verluste

Eine weitere, im Wirtschaftsstrafrecht relevante Fallgruppe ist der rechtfertigende Notstand aufgrund **kollidierender Vermögenswerte**. Im Allgemeinen gilt, dass bei Straftaten zur Abwendung finanzieller Verluste nur in **Ausnahmekonstellationen** das durch die Tat wahrgenommene Vermögensinteresse als höherrangig angesehen werden kann. Selbst wenn nicht ausgeschlossen ist, dass bei Kollision gleichartiger Vermögenswerte der quantitativ größere Verlust durch eine tatbestandsmäßige Handlung abgewendet wird, ist ein solch rechnerischer Schadensvergleich indes nur ein die Abwägung mitbestimmender Umstand. Grundsätzlich trägt jeder das Risiko seiner finanziellen Dispositionen selbst. Nur bei vollkommen **außergewöhnlichen Umständen** ist das durch die Tat wahrgenommene Vermögensinteresse in der konkreten Lebenssituation als schutzwürdiger anzusehen (BGH NJW 1959, 584, 586).

3.7   Schuld

Nach der Prüfung des Vorliegens der objektiven und subjektiven Tatbestands-
voraussetzungen sowie der Rechtswidrigkeit der Tathandlung ist auf letzter Stufe
zu prüfen, ob die Straftat **schuldhaft** begangen wurde. Hierzu wendet die h. M.
den **normativen Schuldbegriff** an, wonach Schuld „Vorwerfbarkeit" im enge-
ren Sinne bezeichnet (Schönke/Schröder, Vorbemerkungen zu den §§ 13 ff. Rn.
113). Mit dem Unwerturteil der Schuld wird dem Täter vorgeworfen, dass er sich
nicht rechtmäßig verhalten und sich für das Unrecht entschieden hat, obwohl
er sich rechtmäßig hätte verhalten können (BGH NJW 1952, 593). Da auf die
normwidrige Willensbildung eines **Individuums** abgestellt wird, ist in wirtschaftsstrafrechtlichen Sachverhalten zunächst zu klären, welche Person für das
Unternehmen gehandelt hat. Die weiteren Voraussetzungen für ein schuldhaftes
Verhalten, nämlich die Schuldfähigkeit des Täters (§§ 19–21) und das Fehlen von
Entschuldigungsgründen (z. B. entschuldigender Notstand gemäß § 35) hingegen
haben im Wirtschaftsstrafrecht kaum Bedeutung (Esser/Rübenstahl/Saliger/
Tsambikakis, 64 f.).

Sanktionierungsmöglichkeiten

4

Nur gegen natürliche Personen können **Kriminalstrafen,** also Freiheitsstrafen (§§ 38 ff.) und Geldstrafen (§§ 40 ff.) verhängt werden. **Unternehmen** als Personengesamtheit können weder im strafrechtlichen Sinne „handeln", noch sind sie **schuldfähig.** Somit sind sie mangels einer Unternehmens- oder Verbandsstrafbarkeit im deutschen Strafrecht nicht mit Kriminalstrafen sanktionierbar (Walter JA 2011, 485). Die **Inhaber** von Betrieben können in der Praxis aber nicht sämtliche der ihnen obliegenden zahlreichen Pflichten selbst wahrnehmen. Daher **delegieren** sie im Betriebsalltag regelmäßig verschiedene Aufgabenkreise auf nachgeordnete Mitarbeiter. Wenn die Mitarbeiter „an der Betriebsfront" bei der Erfüllung der dem Betriebsinhaber obliegenden Aufgaben Zuwiderhandlungen begehen, stellt sich angesichts des Auseinanderfallens von Verantwortlichem und Handeln dem („**organisierte Unverantwortlichkeit im Wirtschaftsverkehr**") (Altenburg/Peukert BB 2014, 652) die Frage des „Ob" und „Wie" der Sanktionierung. Der Betriebsinhaber hat nicht gehandelt; die handelnden Mitarbeiter sind jedoch oftmals nicht sanktionierbar, weil sie nicht zu dem in § 14 bzw. § 9 OWiG aufgeführten Personenkreis gehören. Das bedeutet jedoch nicht, dass juristische Personen und/oder ihre Organe nicht sanktionierbar sind. Denn um kriminalpolitisch unerwünschte Strafbarkeitslücken zu vermeiden, beinhalten das Straf- und Ordnungswidrigkeitenrecht Regelungen, um deliktische Verantwortlichkeiten in Unternehmen sachgerecht zuzurechnen und – jedenfalls in wirtschaftlicher Hinsicht – zu sanktionieren. Hier sind zum einen **§§ 30, 130 OWiG** zu nennen, die es ermöglichen, aus dem Unternehmen heraus begangene betriebsbezogene Straftaten oder Ordnungswidrigkeiten unter bestimmten Voraussetzungen durch die Verhängung empfindlicher Geldbußen – entweder gegen den Betriebsinhaber oder gegen das Unternehmen selbst – zu sanktionieren. Darüber hinaus enthält das Straf- und Ordnungswidrigkeitenrecht spezifische Regelungen zur **Gewinnabschöpfung,**

© Springer Fachmedien Wiesbaden GmbH, ein Teil von Springer Nature 2019
D. Graewe und L. Senuysal, *Wirtschaftsstrafrecht in der Unternehmenspraxis,*
essentials, https://doi.org/10.1007/978-3-658-24479-8_4

um die – häufig erheblichen – unrechtmäßig erzielten Gewinne aus Straftaten und Ordnungswidrigkeiten dem Täter, Teilnehmer oder Drittbegünstigten wieder zu entziehen.

4.1   Haftung für Aufsichtspflichtverletzung

Nach § 130 OWiG kann es als selbstständige Ordnungswidrigkeit geahndet und eine Geldbuße gegen die Unternehmensleitung verhängt werden, wenn diese vorsätzlich oder fahrlässig unternehmensbezogene Aufsichtspflichten verletzt und es dadurch zu einer betriebsbezogenen Straftat oder Ordnungswidrigkeit durch Betriebsangehörige im Unternehmen kommt. § 130 OWiG stellt einen Ausfluss der **Garantiehaftung des Geschäftsherrn** dar (KK-OWiG/Rogall OWiG § 130 Rn. 2).

4.1.1   Zweck der Vorschrift

Zweck der Vorschrift ist die Schließung kriminalpolitisch unerwünschter **Strafbarkeitslücken,** die dadurch entstehen, dass der Betriebsinhaber – als eigentlich Verpflichteter – aufgrund von Dezentralisierung und Aufgabendelegation regelmäßig nicht selbst handelt, sondern die Erfüllung der ihm obliegenden Pflichten auf nachgeordnete Mitarbeiter „an der Betriebsfront" überträgt (KK-OWiG/ Rogall OWiG § 130 Rn. 2, 4). Hierdurch entsteht die unternehmenstypische Konstellation, dass Verantwortung und Handlung **auseinanderfallen** (Többens NStZ 1999, 4). Durch diese Aufgabendelegation soll sich der Betriebsinhaber jedoch nicht von den ihm aufgrund seiner Inhaberstellung obliegenden gesetzlichen Pflichten „freizeichnen" können (Hombrecher JA 2012, 542). Daher statuiert § 130 OWiG die Pflicht der Unternehmensleitung zur Ergreifung bestimmter **Aufsichtsmaßnahmen** und sanktioniert ihre Unterlassung für den Fall, dass es aufgrund der unzureichenden Überwachung zu betriebsbezogenen Straftaten oder Ordnungswidrigkeiten im Unternehmen kommt. Die Unterlassung der erforderlichen Aufsichtsmaßnahmen ist hierbei der sachliche Grund für die Zurechnung von Pflichtverstößen nachgeordneter Mitarbeiter zur Betriebsleitung (Krieger/Schneider, § 36 Rn. 10). Insofern handelt es sich bei § 130 OWiG um eine **Zurechnungsvorschrift.**

4.1.2 Tatbestandsvoraussetzungen

4.1.2.1 Täterkreis

Bei § 130 OWiG handelt es sich um ein **Sonderdelikt;** sanktionierbar ist nur der Inhaber eines Betriebes oder eines Unternehmens. Hierbei kommt es nicht auf die Eigentümerstellung oder Kapitalbeteiligung an. **„Inhaber"** ist vielmehr derjenige, dem die Erfüllung der für § 130 OWiG relevanten betriebsbezogenen Pflichten obliegt. Denn die Vorschrift soll sicherstellen, dass der Betriebsinhaber Maßnahmen trifft, um Zuwiderhandlungen gegen Pflichten zu verhindern, deren Erfüllung ihm obliegt und deren Verletzung straf- oder bußgeldbewehrt ist. Der Begriff des Betriebs- oder Unternehmensinhabers ist also nur von den **betriebs-** und **unternehmensbezogenen Pflichten** her zu bestimmen (KK-OWiG/Rogall OWiG § 130 Rn. 25).

Zwischen „Betrieben" und „Unternehmen" wird nicht sachlich differenziert (Wittig, § 6 Rn. 131). **Umstritten** ist hingegen, ob und inwieweit **Konzerne** als Unternehmen i.S. von § 130 OWiG eingestuft und damit als Haftungssubjekte in Anspruch genommen werden können **(Sanktionsdurchgriff im Unternehmensverbund).** Denn die einzelnen abhängigen Unternehmen bleiben **rechtlich selbstständig,** daher unterfällt der Konzern auch nicht dem aktienrechtlichen Unternehmensbegriff (KK-OWiG/Rogall OWiG § 130 Rn. 27). Nichtsdestoweniger kommt es im Konzernverbund zur Kollision von Aufsichtspflichten, sodass sich die Frage nach der „**Erfüllungszuständigkeit"** stellt (Rönnau ZGR 2016, 277, 290). Die Frage des Haftungsdurchgriffs im Konzernverbund ist umstritten. Das **Bundeskartellamt** sieht die Obergesellschaft als Adressatin der Aufsichtspflicht gemäß § 130 OWiG an, weil ihr die Pflicht obliege, kartellrechtswidrige Handlungen von Gesellschaften unter ihrer Leitung zu verhindern (Klusmann in: Wiedemann, § 55 Rn. 41–43). Der Kartellsenat des BGH hat diese Frage bislang offengelassen, aber in einem Urteil aus dem Jahr 1981 Zweifel daran geäußert, ob die vertretungsberechtigten Organe der Konzernmutter (einer Aktiengesellschaft) überhaupt Täter nach § 130 OWiG in Bezug auf Kartellverstöße in der Tochter-GmbH sein können. Dem steht entgegen, dass das Tochterunternehmen als GmbH „mit eigener Rechtspersönlichkeit ausgestattet und als solche auch Inhaberin des Gesellschaftsunternehmens" ist (BGH, Beschluss vom 01. Dezember 1981 – KRB 3/79 –, Rn. 39). Die **Literatur** stellt hingegen auf die **faktische Betrachtungsweise** ab, also darauf, ob und in welchem Umfang die Konzernmutter einen **faktischen Durchgriff** auf die Vorstände der Tochterunternehmen hat und somit deren Geschäftspolitik bestimmt.

4.1.2.2 Tathandlung

Die Tathandlung des § 130 Abs. 1 OWiG ist das vorsätzliche oder fahrlässige Unterlassen der Aufsichtsmaßnahmen, die zur Verhinderung betriebsbezogener Zuwiderhandlungen gegen Pflichten erforderlich sind, die den Inhaber des Betriebs treffen (KK-OWiG/Rogall OWiG § 130 Rn. 17, 27 m.w.N.; Achenbach NZWiSt 2012, 325). § 130 OWiG ist somit ein **echtes Unterlassungsdelikt,** dessen Tathandlung im Unterlassen erforderlicher Aufsichtsmaßnahmen besteht (Schücking in: Krieger/Schneider, Haftung für unterlassene Aufsichtsmaßnahmen nach § 130 OWiG, Rn. 41.23). Das Gesetz regelt nicht abschließend, welche Aufsichtspflichten geschuldet sind, sondern erwähnt in § 130 Abs. 1 S. 2 OWiG nur, dass „auch" die Bestellung, sorgfältige Auswahl und Überwachung von Aufsichtspersonen zu den erforderlichen Aufsichtsmaßnahmen gehören. Die Verwendung des Wortes „auch" impliziert aber, dass dem Betriebsinhaber darüber hinaus weitere Maßnahmen obliegen (Többens NStZ 1999, 4). Aus der zweifachen Verwendung des Wortes „erforderlich" in § 130 Abs. 1 OWiG ergibt sich zunächst, dass nur **erforderliche** Aufsichtsmaßnahmen von der Unternehmensleitung geschuldet werden („Vorbehalt der Erforderlichkeit") (KK-OWiG/Rogall OWiG § 130 Rn. 40–41). Der Aufsichtspflichtige hat folglich die Maßnahmen zu ergreifen, die im konkreten Fall **geeignet** sind, betriebsbezogene Zuwiderhandlungen durch Mitarbeiter und gegebenenfalls unternehmensexterne Personen (z. B. Sachverständige, Wirtschaftsprüfer, Rechtsanwälte) zu verhindern. Denn eine ungeeignete bzw. untaugliche Aufsichtsmaßnahme wäre nicht erforderlich. Die Verwendung des Begriffs der „gehörigen" Aufsicht (§ 130 Abs. 1 S. 1 OWiG) beinhaltet zudem, dass die unterlassene Aufsichtsmaßnahme **zumutbar** sein muss (Schücking in: Krieger/Schneider, Haftung für unterlassene Aufsichtsmaßnahmen nach § 130 OWiG, Rn. 41.37). Von mehreren, gleich geeigneten Aufsichtsmaßnahmen kann dem Betriebsinhaber folglich nur diejenige zugemutet werden, die ihn am wenigsten belastet (Wittig, § 6 Rn. 139). Darüber hinaus muss die Aufsichtsmaßnahme – insbesondere im Hinblick auf das Persönlichkeitsrecht der Mitarbeiter – **rechtlich zulässig** sein; so wären beispielsweise eine lückenlose Videoüberwachung von Mitarbeitern, Belohnungen für Denunziationen, Bespitzelungen oder schikanöse Vorgehensweisen nicht zulässig (Theile/Petermann JuS 2011, 498).

Grundsätzlich beinhaltet eine gehörige Aufsicht **Leitungs-, Koordinations-, Organisations-** und **Kontrollpflichten.** Der Betriebsinhaber hat zunächst auf erster Stufe für eine sorgfältige, den Anforderungen der Stelle entsprechende Auswahl zuverlässiger Mitarbeiter und ggf. nachgeordneter Aufsichtspersonen zu sorgen (**Auswahlpflicht**) (KK-OWiG/Rogall OWiG § 130 Rn. 42). Hierbei ergeben sich gesteigerte Anforderungen an die Auswahlverpflichtung, wenn die zu besetzende Stelle ein **erhöhtes Risikopotenzial** beinhaltet (Többens NStZ 1999, 4). Auf zweiter Stufe ist er sodann zur sachgerechten Organisation des Personals sowie zur Aufgabenverteilung (**Organisations-** und **Koordinationspflicht**) verpflichtet, wobei Verantwortungsbereiche klar strukturiert und Kompetenzüberschneidungen vermieden werden sollten. Ferner obliegt ihm auf dritter Stufe, die ihm unterstellten Mitarbeiter ausreichend und fortlaufend über ihre Aufgaben und gesetzlichen Pflichten zu instruieren und aufzuklären (**Instruktions-** und **Aufklärungspflicht**). Hierbei ist die lediglich einmalige Unterrichtung über die betrieblichen Vorschriften (z. B. bei der Einstellung des Mitarbeiters) nicht ausreichend, vielmehr muss – insbesondere in Bereichen mit besonderem Gefährdungspotenzial – mehrfach und fortlaufend auf geltende Bestimmungen hingewiesen werden (KK-OWiG/Rogall OWiG § 130 Rn. 59–61). Auf vierter Stufe bedarf es einer angemessenen Überwachung und Kontrolle der Mitarbeiter (**Kontrollpflicht**). Hierbei sind die Anforderungen an die Kontrollpflicht umso höher, je geringer qualifiziert und zuverlässig der Mitarbeiter ist und umgekehrt (Wittig, § 6 Rn. 140). Auf letzter Stufe schließlich besteht die Pflicht des Betriebsinhabers, gegen bekannt gewordene Zuwiderhandlungen von Mitarbeitern aktiv einzuschreiten und hierbei ggf. auch (arbeitsrechtlich zulässige) Sanktionen anzudrohen und zu verhängen (**Sanktionspflicht**). Diese Pflichten bestehen nicht isoliert voneinander, sondern sie hängen voneinander ab (**Interdependenz der Aufsichtspflichten**) und ergänzen sich im Einzelfall (KK-OWiG/Rogall OWiG § 130 Rn. 42, 65 f.).

Welche **konkreten** Aufsichtsmaßnahmen geboten sind, ist nach h. M. in Rechtsprechung und Literatur **im Einzelfall** zu entscheiden. Die Aufsicht ist aber so wahrzunehmen, dass die betriebsbezogenen Pflichten „**voraussichtlich eingehalten werden"**, wobei der Sorgfaltsmaßstab eines ordentlichen Angehörigen des jeweiligen Tätigkeitsbereiches zugrunde gelegt wird (OLG Düsseldorf LSK 1983, 050130). Unter Vertrauensschutzgesichtspunkten ist zwar anerkannt, dass der Unternehmer nicht dazu verpflichtet ist, ein nahezu **flächendeckendes Kontrollnetz** aufzubauen, sondern dass er grundsätzlich darauf vertrauen darf, dass seine Mitarbeiter ihren Pflichten nachkommen (Theile/Petermann JuS 2011, 498). Eine **gesteigerte Aufsichtspflicht** und damit die Verpflichtung zu engmaschigerer Kontrolle hingegen besteht, wenn in dem Unternehmen bereits Pflichtverstöße festgestellt wurden oder wenn hiermit zu rechnen ist – beispielsweise, weil unzuverlässige oder offenkundig überforderte Mitarbeiter beschäftigt werden (Többens NStZ 1999, 1).

Wenn der Aufsichtspflichtige z. B. aufgrund der Mitarbeiterzahl oder wegen Arbeitsüberlastung **nicht imstande** ist, die ihm obliegenden Aufsichtspflichten selbst zu erfüllen, exkulpiert ihn das nicht. In diesem Fall obliegt es ihm, die

Aufsichtspflicht auf andere, ausreichend qualifizierte Leitungspersonen zu **übertragen.** Dabei hat er die ihm obliegenden Aufsichtsmaßnahmen lückenlos (ggf. auf mehrere Köpfe) zu verteilen, die von ihm eingesetzten Aufsichtspersonen über Inhalt und Umfang ihrer Pflichten genau aufzuklären und ihre Tätigkeiten zu überwachen. Kommt der Betriebsinhaber dieser ihm obliegenden Organisationspflicht nicht nach, begeht er eine Aufsichtspflichtverletzung in Gestalt eines **Organisationsmangels** (Többens NStZ 1999, 4). Bei einer **mehrköpfigen Unternehmensleitung** (z. B. mehrere vertretungsberechtigte Gesellschafter oder ein mehrköpfiger Vorstand) bleibt es wegen des Grundsatzes der **Allzuständigkeit und der Generalverantwortung** der Geschäftsleitung grundsätzlich bei dem **Bestehenbleiben** der Aufsichtspflicht auch für solche Gesellschafter oder Vorstandsmitglieder, die nach dem Geschäftsverteilungsplan oder aufgrund interner Regelungen nicht für das betroffene Ressort zuständig sind. Sie beschränkt sich indes auf die **Sekundärpflicht** zu beobachten, ob die Kollegen des Leitungsgremiums die ihnen intern übertragenen Aufsichtspflichten wahrnehmen. Deshalb setzt eine vorwerfbare Aufsichtspflichtverletzung in Kollegialorganen voraus, dass der betroffene Gesellschafter erkannte oder hätte erkennen müssen, dass ein anderes Gremiumsmitglied seiner Aufsichtspflicht nicht ausreichend nachkommt (Schücking in: Krieger/Schneider, Haftung für unterlassene Aufsichtsmaßnahmen nach § 130 OWiG, Rn. 41.46). Eine **regelmäßige Überwachung** (beispielsweise in Form von regelmäßigen Stichproben) ist den Gesellschaftern gegenüber ihren Mitgesellschaftern hingegen nicht zuzumuten (OLG Hamm NJW 1971, 817).

Spezialgesetzliche Aufsichtspflichten (z. B. §§ 25a ff. KWG für Finanzdienstleister; § 33 WpHG für Wertpapierdienstleistungsunternehmen) ergänzen den Tatbestand des § 130 OWiG lediglich. Die Verletzung solcher spezialgesetzlicher Aufsichtspflichten **indiziert** aber zugleich ein tatbestandsmäßiges Unterlassen gemäß § 130 OWiG durch den Betriebsinhaber oder ihm nach § 9 OWiG gleichgestellter Personen (Schücking in: Krieger/Schneider, Haftung für unterlassene Aufsichtsmaßnahmen nach § 130 OWiG, Rn. 41.41).

4.1.2.3 Anknüpfungstat

Objektive Bedingung der Ahndung nach § 130 OWiG ist, dass in dem Betrieb eine Straftat oder Ordnungswidrigkeit durch eine zu beaufsichtigende Person begangen wurde, durch die gegen betriebsbezogene Pflichten verstoßen wurde **(Anknüpfungstat).** Die Zuwiderhandlung muss sich gegen **betriebsbezogene** Pflichten richten. Dies sind in erster Linie solche, die den Betriebsinhaber in seiner Eigenschaft treffen.

Die Betriebsbezogenheit liegt unproblematisch vor, wenn die Zuwiderhandlung von einem **Betriebsangehörigen** in Ausübung seiner betrieblichen Tätigkeit begangen wurde. Nach der Rechtsprechung genügt es jedoch gleichermaßen, wenn die Zuwiderhandlung durch **Dritte** erfolgt, die zwar keine Betriebsangehörigen sind, jedoch vorübergehend mit Aufgaben des Betriebes betraut sind (z. B. Sachverständige oder Berater) (OLG Hamm NStZ 1992, 499; Bay ObLG NStZ 1998, 575; Wittig § 6 Rn. 138). Im Hinblick auf das von § 130 Abs. 1 OWiG vorausgesetzte Subordinationsverhältnis zwischen Aufsichtspflichtigem und unmittelbar Handelndem ist jedoch zumindest eine Unterordnung des betriebsfremden Dritten unter die **Direktions-** und **Weisungsbefugnis** des Betriebsinhabers erforderlich. Auf ein **Anstellungsverhältnis** hingegen kommt es nicht an.

Hinsichtlich des **Tatorts der Zuwiderhandlung** ist es für die Betriebsbezogenheit zwar grundsätzlich unerheblich, ob die Zuwiderhandlung im Unternehmen oder an einem anderen Ort begangen wurde. Es muss sich lediglich um eine Pflicht handeln, die einen **sachlich-funktionalen Zusammenhang** mit der betrieblichen Tätigkeit aufweist. Wenn die Zuwiderhandlung außerhalb des Firmengeländes erfolgt, scheitert eine Haftung des Betriebsinhabers nach § 130 OWiG jedoch in der Regel an der faktisch fehlenden Aufsichtsmöglichkeit – oder jedenfalls an der nicht festzustellenden Kausalität der Aufsichtspflichtverletzung für die Zuwiderhandlung (KK-OWiG/Rogall OWiG § 130 Rn. 111).

§ 130 Abs. 1 S. 1 OWiG setzt eine Zuwiderhandlung gegen Pflichten voraus, *„die den Inhaber treffen und deren Verletzung mit Strafe oder Geldbuße bedroht ist“*. Das bedeutet, dass die Zuwiderhandlung durch den zu beaufsichtigenden Betriebsangehörigen lediglich den **äußeren Geschehensablauf** einer Straftat oder Ordnungswidrigkeit darstellen muss (Wittig, § 6 Rn. 147). Die Anknüpfungstat muss daher lediglich vorsätzlich und rechtswidrig, nicht aber **schuldhaft** bzw. vorwerfbar begangen worden sein. Dass der **Handelnde selbst** als Täter einer Straftat oder Ordnungswidrigkeit **sanktionierbar** ist, ist auch nicht erforderlich (Többens NStZ 1999, 5).

Das Vorliegen der (vorsätzlich und rechtswidrig begangenen) Zuwiderhandlung **als solche** muss feststehen, die Ermittlung eines **konkreten Täters** hingegen ist nicht erforderlich. Erforderlich ist nur, dass ein Sachverhalt festgestellt werden kann, der den objektiven und subjektiven Tatbestand einer betriebsbezogenen Zuwiderhandlung gemäß § 130 OWiG erfüllt und bei dem feststeht, dass er entweder von einem Betriebsangehörigen oder einem weisungsgebundenen Externen begangen wurde (KK-OWiG/Rogall OWiG § 130 Rn. 79–80, 108–110).

4.1.2.4 Zurechnungszusammenhang

Weitere Voraussetzung des § 130 Abs. 1 OWiG ist, dass zwischen der Pflichtverletzung und der Anknüpfungstat ein **Zurechnungszusammenhang** besteht.
Dieser ist nach dem Wortlaut von § 130 Abs. 1 S. 1 OWiG bereits dann gegeben,
wenn durch die gehörige Aufsicht die Zuwiderhandlung **wesentlich erschwert**
worden wäre (**Risikoerhöhungsgedanke**) (Wittig, § 6 Rn. 148). Ferner ist
erforderlich, dass die Verhinderung der Zuwiderhandlung vom **Schutzzweck** der
unterlassenen Aufsichtsmaßnahme erfasst wird (Schücking in: Krieger/Schneider,
Haftung für unterlassene Aufsichtsmaßnahmen nach § 130 OWiG, Rn. 41.51).
Dies ergibt sich aus dem Sinn und Zweck des § 130 OWiG. Denn die Ahndung
einer Aufsichtspflichtverletzung setzt voraus, dass sich in der Zuwiderhandlung
gerade die **betriebstypische Gefahr** realisiert, die der Betriebsinhaber hätte
verhüten müssen.

4.1.2.5 Subjektiver Tatbestand

Die Aufsichtspflicht muss nach § 130 OWiG **vorsätzlich** oder **fahrlässig** verletzt worden sein. Vorsatz oder Fahrlässigkeit müssen sich lediglich auf die **Aufsichtspflichtverletzung** und die **Gefahr** hieraus resultierender, betriebsbezogener
Zuwiderhandlungen beziehen. Die **konkrete Zuwiderhandlung** des Mitarbeiters
(Anknüpfungstat) ist nur **objektive** Bedingung der Ahndung und muss daher
nicht vom Vorsatz des Aufsichtspflichtigen umfasst sein (Laue Jura 5/2010, 342).
Dieser muss zwar erkennen (können), dass die Gefahr betrieblicher Zuwiderhandlungen durch Mitarbeiter besteht. Erforderlich ist jedoch nicht, dass er das
konkrete Verhalten des ihm unterstellten Mitarbeiters kennt oder dass er voraussieht oder voraussehen kann, dass als Folge seiner unzureichenden Aufsicht ein
bestimmter Verstoß begangen wird (Wittig, § 6 Rn. 144).

4.1.3 Rechtsfolgen

§ 130 Abs. 3 OWiG sieht als Sanktion die Verhängung einer Geldbuße vor. Aus-
gangspunkt für die Bußgeldbemessung ist § 17 Abs. 1 OWiG, der einen allgemeinen Sanktionsrahmen von 5,00–1.000,00 EUR eröffnet, sofern nicht das
Gesetz – wie in § 130 Abs. 3 OWiG – etwas anderes bestimmt. Nach § 130 Abs.
3 OWiG hängt die **Höhe** der Geldbuße davon ab, ob die Zuwiderhandlung mit
Strafe oder mit **Geldbuße** bedroht ist.

Ist die Zuwiderhandlung mit **Strafe** bedroht, beträgt das Höchstmaß der zu ver-
hängenden Geldbuße bei **vorsätzlicher** Aufsichtspflichtverletzung eine Million Euro
(§ 130 Abs. 3 S. 1 OWiG), bei **fahrlässiger** Aufsichtspflichtverletzung gemäß § 130

Abs. 3 OWiG i.V.m. § 17 Abs. 2 OWiG bis zur Hälfte – also bis zu 500.000,00 EUR, da § 130 OWiG im Höchstmaß nicht zwischen Vorsatz und Fahrlässigkeit differenziert (§ 17 Abs. 2 OWiG) (KK-OWiG/Rogall OWiG § 130 Rn. 121–123). Aus der – durch Art. 4 des Achten Gesetzes zur Änderung des Gesetzes gegen Wettbewerbsbeschränkungen (8. GWB-Novelle) vom 26.06.2013 (BGBl. I 2013, 1738 (1748)) eingefügten – Verweisung in **§ 130 Abs. 3 S. 2 OWiG** auf **§ 30 Abs. 2 S. 3 OWiG** folgt zudem, dass sich das Höchstmaß der Verbandsgeldbuße bei vorsätzlicher Verletzung der Aufsichtspflicht in Unternehmen **verzehnfacht** (sich also auf bis zu zehn Millionen Euro erhöht), wenn die nicht verhinderte Zuwiderhandlung eine **Straftat** darstellt (Cordes/Reichling NJW 2015, 1335).

Wenn die Zuwiderhandlung mit **Geldbuße** bedroht ist, so bestimmt sich die Bußgeldobergrenze nach der für die Zuwiderhandlung maßgeblichen Bußgeldobergrenze (§ 130 Abs. 3 S. 3 OWiG). Wenn der Bußgeldtatbestand für die durch den Betriebsangehörigen begangene Pflichtverletzung nicht zwischen Vorsatz und Fahrlässigkeit differenziert, ist **auch insoweit** der § 17 Abs. 2 OWiG anwendbar, sodass die Geldbuße für die Aufsichtspflichtverletzung im Höchstmaß auf die Hälfte der für die Zuwiderhandlung angedrohten Geldbuße beschränkt ist. Dies gilt, wenn die Zuwiderhandlung durch den Betriebsangehörigen fahrlässig, die Aufsichtspflichtverletzung durch den Betriebsinhaber hingegen vorsätzlich erfolgte oder umgekehrt (**einfache Fahrlässigkeit**). Ist hingegen sowohl die Aufsichtspflichtverletzung als auch die mit Geldbuße bedrohte Zuwiderhandlung nur fahrlässig begangen worden (**doppelte Fahrlässigkeit**), so reduziert sich die nach § 130 OWiG zu verhängende Geldbuße nochmals um die Hälfte (KK-OWiG/ Rogall OWiG § 130 Rn. 121). Wenn die Anknüpfungstat **sowohl** eine Straftat als auch eine Ordnungswidrigkeit darstellt, ist das Höchstmaß der Geldbuße für die Ordnungswidrigkeit maßgeblich, auch wenn sie die Grenze von einer Million Euro übersteigt (§ 130 Abs. 3 S. 4 OWiG) (Schücking in: Krieger/Schneider, Haftung für unterlassene Aufsichtsmaßnahmen nach § 130 OWiG, Rn. 41.67).

Die Bemessung der Geldbuße im konkreten **Einzelfall** richtet sich nach § 17 OWiG. Gemäß § 17 Abs. 3 OWiG ist auf die **Bedeutung der Aufsichtspflichtverletzung** und die **Vorwerfbarkeit des Verhaltens** abzustellen. Wenn gemäß § 17 Abs. 3 Satz 2 OWiG die **wirtschaftlichen Verhältnisse** des Täters zu berücksichtigen sind, sind diejenigen des aufsichtspflichtigen **Betriebsinhabers**, nicht aber diejenigen des Täters der Zuwiderhandlung maßgeblich. Auch die **Schwere der Zuwiderhandlung** kann bei der Bußgeldbemessung berücksichtigt werden, denn die Schwere der Unterlassung von Aufsichtsmaßnahmen richtet sich auch danach, zu welcher Art von Zuwiderhandlungen sie geführt hat (KK-OWiG/Rogall OWiG § 130 Rn. 122).

4.2   Verbandsgeldbuße

Grundsätzlich sind im geltenden deutschen Recht juristische Personen und Personenvereinigungen mangels einer **Unternehmens-** oder **Verbandsstrafbarkeit** nicht sanktionierbar, sondern nur die für sie handelnden Personen. § 30 OWiG ermöglicht jedoch, gegen das **Unternehmen selbst** Geldbußen von bis zu zehn Millionen Euro (§ 30 Abs. 2 S. 1 Nr. 1 OWiG) zu verhängen, wenn seine **leitenden Angestellten** unternehmensbezogene Straftaten oder Ordnungswidrigkeiten begangen haben, durch die entweder dem Verband obliegende Pflichten verletzt worden sind oder die zu dessen Bereicherung geführt haben oder führen sollten (Wittig, § 12 Rn. 1). Die Norm enthält folglich ein **Zurechnungsmodell:** Taten, die leitende Organe des Verbandes begehen, werden diesem unter bestimmten Voraussetzungen zugerechnet und der Verband durch Geldbuße sanktioniert (Walter JA 2011, 485). Bei § 30 OWiG handelt es sich um die **zentrale Bußgeldnorm** für deutsche Wirtschaftsunternehmen (Altenburg/Peukert BB 2014, 649). Weil § 30 OWiG einen **eigenen Bußgeldtatbestand** gegen Verbände statuiert, wird die Norm auch als „Anerkennung der Sanktionsfähigkeit von Verbänden" (KK-OWiG/Rogall OWiG § 30 Rn. 1–15) bzw. als **„kleines Unternehmensstrafrecht"** (Schücking in: Krieger/Schneider, Haftung für unterlassene Aufsichtsmaßnahmen nach § 130 OWiG, Rn. 41.15) bezeichnet.

4.2.1   Normadressat

Adressaten des § 30 Abs. 1 OWiG sind die in dem dortigen Katalog aufgeführten Verbände, also juristische Personen, nicht rechtsfähige Vereine sowie rechtsfähige Personengesellschaften.

Problematisch sind hier die Fälle der **Rechtsnachfolge,** wenn also ein Unternehmen übernommen oder aufgespalten wird. Denn Adressat der Verbandsgeldbuße nach § 30 OWiG ist die juristische Person (JP) oder Personenvereinigung (PV), die das Unternehmen betreibt **(Rechtsträgerprinzip).** Zunächst ist zu prüfen, ob überhaupt eine Rechtsnachfolge vorliegt. Denn lediglich eine **Änderung des Gesellschafterbestandes** oder ein **Wechsel der Firma** führen z. B. nicht zu einem Erlöschen des bisherigen Rechtsträgers (und damit zu einer Rechtsnachfolge). Mit der – durch die 8. GWB-Novelle vom 26.06.2013 eingefügten – Norm des **§ 30 Abs. 2a OWiG** hat der Gesetzgeber eine **ausdrückliche Rechtsgrundlage** für die Festsetzung einer Geldbuße gegen **Rechtsnachfolger** getroffen. Nunmehr kann im Falle einer **Gesamtrechtsnachfolge** – beispielsweise durch

Vollübertragung (§ 174 Abs. 1 UmwG) oder Verschmelzung (§§ 2 ff. UmwG) – sowie bei **partieller Gesamtrechtsnachfolge** durch Aufspaltung (§ 123 Abs. 1 UmwG) die Geldbuße nach § 30 Abs. 1 und 2 OWiG – **unabhängig** von den eingebrachten Vermögensmassen – gegen den oder die Rechtsnachfolger festgesetzt werden. Somit ist die Festsetzung einer Verbandsgeldbuße nach § 30 OWiG gegen den Rechtsnachfolger **nunmehr** sowohl unter den Voraussetzungen des **§ 30 Abs. 2a OWiG** (Gesamtrechtsnachfolge oder partielle Gesamtrechtsnachfolge durch Aufspaltung) als auch in Fällen der wirtschaftlichen „**Nahezu-Identität**" nach den hierzu von der Rechtsprechung aufgestellten Grundsätzen möglich (Wittig, § 12 Rn. 11c).

4.2.2 Täterkreis

Nach § 30 OWiG muss eine bestimmte **Leitungsperson** des Verbandes eine Straftat oder Ordnungswidrigkeit als Anknüpfungstat begangen haben. In § 30 Abs. 1 Nr. 1 bis Nr. 4 OWiG werden bestimmte **gesetzliche Leitbeispiele** genannt (Theile/Petermann JuS 2011, 499). Durch die – im Jahr 2002 durch das „EU-Rechtsinstrumente-Ausführungsgesetz" vom 22.08.2002 eingefügte – **Subsidiaritätsklausel** des § 30 Abs. 1 Nr. 5 OWiG (Auffangtatbestand) wurde der Täterkreis indes erheblich erweitert.

4.2.3 Anknüpfungstat

Die weitere Voraussetzung für die Verhängung einer Verbandsgeldbuße nach § 30 OWiG ist die Begehung einer Straftat oder Ordnungswidrigkeit (**Anknüpfungstat**), durch die Pflichten, welche die JP oder PV treffen, verletzt worden sind (**1. Alternative**) oder durch welche die JP oder PV bereichert worden ist oder bereichert werden sollte (**2. Alternative**).

Vereinfacht formuliert muss jedes Unternehmen mit einer Geldbuße rechnen, dessen leitende Mitarbeiter Straftaten oder Ordnungswidrigkeiten begehen, durch die entweder betriebsbezogene Pflichten verletzt wurden oder durch die das Unternehmen bereichert wurde oder werden sollte (Altenburg/Peukert BB 2014, 652). Der Täter muss im Zeitpunkt der Zuwiderhandlung als Repräsentant in Wahrnehmung der Angelegenheiten des Verbands – und nicht etwa als Privatperson – gehandelt haben (**Vertretungsbezug** der Zuwiderhandlung). Das Wort „als" impliziert, dass nur eine Tat sanktionsbegründend ist, die mit dem **Pflichten-** und **Aufgabenkreis** der Leitungsperson im Unternehmen in einem inneren Zusammenhang steht. Der Täter muss folglich bei der Begehung der Anknüpfungstat die spezifischen Gegebenheiten (aus-)nutzen, die sich aus seiner exponierten Stellung im Unternehmen ergeben. Dies ist nicht der Fall, wenn der Täter ausschließlich im Eigeninteresse und **„bei Gelegenheit"** der betrieblichen Tätigkeit die Zuwiderhandlung begeht (Többens NStZ 1999, 7). **Nicht erforderlich** ist hingegen, dass der **Täter** der Zuwiderhandlung **feststeht.** In diesem Fall kann eine **anonyme Verbandsgeldbuße** (anonym, weil der Täter der Anknüpfungstat nicht ermittelt werden kann) gegen den Verband festgesetzt werden.

Bei der Verwirklichung der **1. Tatbestandsalternative** des § 30 Abs. 1 OWiG (Verletzung von Pflichten, welche die JP oder PV treffen) muss durch die Straftat oder Ordnungswidrigkeit der Leitungsperson eine **betriebsbezogene** Pflicht verletzt worden sein. **„Betriebsbezogen"** sind alle Pflichten, die sich aus dem Wirkungskreis des Unternehmens ergeben, den Unternehmensträger treffen und ihm in dieser Eigenschaft Ge- und Verbote auferlegen (z. B. die Verkehrssicherungspflicht des Kaufhausbetreibers zur Verhütung von Gefahrenquellen) (KK-OWiG/Rogall OWiG § 30 Rn. 116–121, 91). Die Aufsichtspflichtverletzung nach § 130 OWiG ist hierbei die **praktisch bedeutsamste** Anknüpfungstat des § 30 OWiG (Achenbach NZWiSt 2012, 321). Sie ermöglicht einen sanktionsrechtlichen **Durchgriff** auf den Unternehmensträger, wenn einer seiner Leitungspersonen seine Aufsichtspflicht i.S. von § 130 OWiG verletzt hat. Nach § 30 Abs. 1, **2. Alt.** OWiG kann die Verbandsgeldbuße ferner festgesetzt werden, wenn die JP oder PV durch die Zuwiderhandlung **bereichert worden ist** oder **bereichert werden sollte.** Unter **„Bereicherung"** ist jede günstigere Gestaltung der Vermögenslage, also jede Erhöhung des wirtschaftlichen Wertes des Vermögens zu verstehen. Hierzu zählen auch **mittelbare** Vermögensvorteile, z. B. durch Bestechung herbeigeführte Wettbewerbsvorteile (KK-OWiG/Rogall OWiG § 30 Rn. 98–103).

4.2.4 Rechtsfolge

Die Entscheidung über die Verfolgung der Ordnungswidrigkeit und die Festsetzung der Geldbuße ist gemäß des im Ordnungswidrigkeitenrecht geltenden, in § 47 OWiG normierten **Opportunitätsprinzips** in das pflichtgemäße Ermessen der zuständigen Verwaltungsbehörde gestellt. Dies ermöglicht der Verwaltungsbehörde, eine am Verhältnismäßigkeitsprinzip orientierte **Interessenabwägung** durchzuführen und unbillige Härten zu vermeiden. § 30 OWiG ermöglicht die Festsetzung einer Geldbuße gegen das Unternehmen selbst. Die **Höhe** der Geldbuße bestimmt sich nach **§ 30 Abs. 2 OWiG.**

Stellt die Anknüpfungstat der Leitungsperson eine **Ordnungswidrigkeit** dar, bestimmt sich das Höchstmaß der Verbandsgeldbuße nach dem für die jeweilige Ordnungswidrigkeit angedrohten Höchstmaß der Geldbuße (§ 30 Abs. 2 S. 2 OWiG). Auch hier ist bei **fahrlässiger Verwirklichung** der Ordnungswidrigkeit **§ 17 Abs. 2 OWiG** zu berücksichtigen, wonach fahrlässiges Handeln im Höchstmaß nur mit der Hälfte des angedrohten Höchstbetrages geahndet werden kann, wenn die Bußgelddrohung nicht zwischen vorsätzlichem und fahrlässigem Handeln differenziert (KK-OWiG/Rogall OWiG § 30 Rn. 115, 131). Nach **§ 30 Abs. 2 S. 3 OWiG** verzehnfacht sich der in § 30 Abs. 2 S. 2 OWiG vorgesehene Bußgeldrahmen, wenn die maßgebliche Bußgeldvorschrift auf diese Vorschrift verweist. Praktisch wichtigster Anwendungsfall ist **§ 130 Abs. 3 S. 2 OWiG,** wonach sich die Verbandsgeldbuße auf zehn Millionen Euro erhöht, wenn die durch die vorsätzlich begangene Aufsichtspflichtverletzung verwirklichte Tat eines Mitarbeiters eine **Straftat** darstellt.

Innerhalb des so anwendbaren Bußgeldrahmens gelten für die **konkrete** Zumessung der Geldbuße im Einzelfall die allgemeinen Grundsätze des **§ 17 Abs. 3 OWiG,** soweit sie auf Unternehmen anwendbar sind. Es ist also auf die Bedeutung und den Unrechtsgehalt der Ordnungswidrigkeit (hier der Bezugstat), das Ausmaß der Pflichtverletzung sowie die wirtschaftlichen Verhältnisse **des Unternehmens** abzustellen (Achenbach NZWiSt 2012, 321). **§ 30 Abs. 3 OWiG** verweist auf **§ 17 Abs. 4 OWiG.** Nach § 17 Abs. 4 S. 1 OWiG soll die Geldbuße den wirtschaftlichen Vorteil, den der Täter aus der Ordnungswidrigkeit gezogen hat, **übersteigen.** Der Begriff des **„wirtschaftlichen Vorteils"** bezeichnet im Wesentlichen den durch die Tat erzielten (auch mittelbaren) Gewinn, ersparte Aufwendungen und Gebrauchsvorteile sowie Tatentgelte. Hierbei gilt – anders als bei der Einziehung gemäß §§ 73 ff. – das sog. **Nettoprinzip,** d. h., die zur Erlangung der Einnahmen getätigten Aufwendungen finanzieller Art sind in Abzug zu bringen (KK-OWiG/Rogall OWiG § 30 Rn. 141). Hieraus folgt, dass durch die Verbandsgeldbuße nicht nur vergangenes rechtswidriges Verhalten geahndet werden soll **(Ahndungsfunktion),** sondern auch dem Unternehmen die durch die Tat unrechtmäßig erlangten wirtschaftlichen Vorteile entzogen werden sollen **(Abschöpfungsfunktion)** (Wegner NJW 2001, 1979). Nach § 17 Abs. 4 S. 2 OWiG kann hierzu das gesetzliche Höchstmaß **überschritten** werden, wenn es zur Abschöpfung des erlangten Vermögensvorteils nicht ausreicht.

Die **Gesamtgeldbuße** des § 30 OWiG setzt sich somit zum einen aus dem **Abschöpfungsbetrag** nach § 17 Abs. 4 OWiG (als „Mindestgrenze") sowie zum anderen aus dem – hinzukommenden – **Ahndungsteil** nach § 30 Abs. 2 OWiG zusammen (Wittig, § 12 Rn. 26). Das Höchstmaß der Verbandsgeldbuße von zehn Millionen Euro nach § 30 Abs. 2 S. 1 Nr. 1 OWiG stellt daher lediglich eine **„relative Begrenzung"** (Cordes/Reichling NJW 2015, 1336) dar, eine **faktische Begrenzung** ergibt sich nur aus dem Umfang des aus der Tat erlangten, abzuschöpfenden wirtschaftlichen Vorteils (Achenbach NZWiSt 2012, 323).

Was Sie aus diesem *essential* mitnehmen können

- Das Wirtschaftsstrafrecht ist ein komplexer und sich stetig verändernder Teil der Rechtsordnung, auf den sich Menschen, Unternehmen und die Strafverfolgungsbehörden immer neu einstellen müssen
- Es gibt unterschiedliche Gründe, warum Menschen wirtschaftskriminelle Handlungen begehen und ein großes Dunkelfeld im Bereich der Wirtschaftskriminologie
- Das allgemeine Wirtschaftsstrafrecht bietet im Bereich von objektivem/subjektivem Tatbestand, Rechtswidrigkeit und Schuld zahlreiche Fragestellungen, die im Wirtschaftsverkehr von hoher Relevanz sind
- Sanktionierungsmöglichkeiten bestehen nicht nur für Menschen, sondern auch für Unternehmen
- Geschäftsleitung, Angestellte und Gesellschafter von Unternehmen müssen sich mit der Materie des Wirtschaftsstrafrechts vertraut machen, um sicherstellen zu können, regelkonform zu handeln

© Springer Fachmedien Wiesbaden GmbH, ein Teil von Springer Nature 2019

D. Graewe und L. Senuysal, *Wirtschaftsstrafrecht in der Unternehmenspraxis,*
essentials, https://doi.org/10.1007/978-3-658-24479-8

Literatur

Altenburg/Peukert, Neuerungen in § 30 OWiG – Haftungsrisiken und -vermeidung vor dem Hintergrund gesetzgeberischen Überschwangs (§ 30 OWiG), BB 2014, 649–655

Baumann, Jürgen, Strafrecht und Wirtschaftskriminalität – Eine wegen des E eines 2. WiKG notwendige Erwiderung, JZ 1983, 935–939

Bottke, Wilfried, Das Wirtschaftsstrafrecht in der Bundesrepublik Deutschland – Lösungen und Defizite. Wistra – Zeitschrift für Wirtschafts- und Steuerstrafrecht, 10. Jahrgang, Heft 1 (1991), 1–10

Breland, Michael, Präventive Kriminalitätsbekämpfung, Gießen 1974

Bussmann, Kai-D., Business Ethics und Wirtschaftsstrafrecht – Zu einer Kriminologie des Managements. Monatsschrift für Kriminologie und Strafrechtsreform 2003, 89–103

Bußmann/Salvenmoser, Internationale Studie zur Wirtschaftskriminalität, NStZ 2006, 203–209

Cordes/Reichling, Grenzen ordnungswidrigkeitenrechtlicher Sanktionierung bei Verbandsgeldbußen, NJW 2015, 1335–1337

Dann, Matthias, Und immer ein Stück weiter – Die Reform des deutschen Korruptionsstrafrechts, NJW 2016, 203–206

Dannecker, Christoph, Die Folgen der strafrechtlichen Geschäftsherrenhaftung der Unternehmensleitung für die Haftungsverfassung juristischer Personen – zugleich: Besprechung von BGH, Urt. v. 10.07.2012 – VI ZR 341/10, NZWiSt 2012, 441–451

Esser/Rübenstahl/Saliger/Tsambikakis (Hrsg.), Wirtschaftsstrafrecht mit Steuerstrafrecht und Verfahrensrecht, 1. Auflage, Köln 2017

Fischer, Thomas, Strafgesetzbuch mit Nebengesetzen, 65. Auflage, München 2018

Fleischer, Holger, Zur Verantwortlichkeit einzelner Vorstandsmitglieder bei Kollegialentscheidungen im Aktienrecht, BB 2004, 2645–2652

Gercke/Julius/Temming et al. (Hrsg.), Strafprozessordnung, 5. Auflage, Heidelberg 2012

Hombrecher, Lars, Fragen des Allgemeinen Teils des Wirtschaftsstrafrechts, JA 2012, 535–543

Jahn/Müller, Das Gesetz zur Regelung der Verständigung im Strafverfahren – Legitimation und Reglementierung der Absprachenpraxis, NJW 2009, 2625–2631, beck-online

Karlsruher Kommentar zum OWiG, 5. Auflage, München 2018, beck-online

Kleinmann, Werner/Berg, Werner, Änderungen des Kartellrechts durch das „Gesetz zur Bekämpfung der Korruption" vom 13.08.1997, BB 198, 277–284

© Springer Fachmedien Wiesbaden GmbH, ein Teil von Springer Nature 2019

D. Graewe und L. Senuysal, *Wirtschaftsstrafrecht in der Unternehmenspraxis,*
essentials, https://doi.org/10.1007/978-3-658-24479-8

Knecht, Thomas, Wirtschaftsdelinquenten – eine homogene Täterpopulation? – Betrachtungen über typische und atypische „Weißkragenkriminelle". Archiv für Kriminologie 217, 65–73

Krieger/Schneider, Handbuch Managerhaftung, 3. Auflage, Köln 2017, juris

Kullmann/Pfister/Stöhr/Spindler, Produzentenhaftung, 02/17, Strafrechtliche Verantwortung für fehlerhafte Produkte

Laue, Christian, Die strafrechtliche Verantwortlichkeit von Verbänden, Jura 5/2010, 339–346

Leipold/Tsambikakis/Zöller, Anwaltskommentar StGB, 2. Auflage Heidelberg 2015, juris

Leitner, Werner/Rosenau, Henning, Wirtschafts- und Steuerstrafrecht, 1. Auflage, Baden-Baden 2017

Liebl, Karlhans, Die bundesweite Erfassung von Wirtschaftsstraftaten nach einheitlichen Gesichtspunkten, Freiburg 1984

Lindemann, Michael/Sommer, Janita, Die strafrechtliche Geschäftsherrenhaftung und ihre Bedeutung für den Bereich der Criminal Compliance, Jus 2015, 1057–1065

Lippert/Knorre, Wirtschaftskriminalität und Finanzwesen, Kriminalistik 4/2007, 222–230

Meyer-Goßner/Schmitt (Hrsg.) Strafprozessordnung, 59. Auflage, München 2016

Nistler, Eva, Der Deal – Das Gesetz zur Regelung der Verständigung im Strafverfahren, JuS 2009, 916–919, beck-online

Otto, Harro, Konzeption und Grundsätze des Wirtschaftsstrafrechts (einschließlich Verbraucherschutz) – Dogmatischer Teil I, ZStW 96 (1984),339–375

Rönnau, Thomas, Haftung für unterlassene Aufsicht nach § 130 OWiG und strafrechtlicher (Drittempfänger-)Verfall gemäß § 73 Abs. 3 StGB – zwei bedeutsame Bedrohungsszenarien für Unternehmen (§ 130 OWiG, § 73 Abs. 3 StGB), ZGR 2016, 277–304

Schall, Hero, Systematische Übersicht der Rechtsprechung zum Umweltstrafrecht, NStZ 1992, 209–216

Schlösser, Jan, Die Anerkennung der Geschäftsherrenhaftung durch den BGH, NZWiSt 2012, 281–286

Schmidt-Salzer, Joachim, Strafrechtliche Produktverantwortung – Das Lederspray-Urteil des BGH, NJW 1990, 2966–2972

Schönke/Schröder, Strafgesetzbuch, 29. Auflage, München 2014, beck-online

Schwind, Hans-Dieter, Kriminologie und Kriminalpolitik, 23. Auflage, Heidelberg 2016

Theile, Hans/Petermann, Stefan, Die Sanktionierung von Unternehmen nach dem OWiG, JuS 2011, 496–501

Tiedemann, Klaus, Wirtschaftsstrafrecht – Einführung und Übersicht. Juristische Schulung – Zeitschrift für Studium und Ausbildung, 29. Jahrgang, September 1989, Heft 9, 689–698

Többens, Hans-W., Die Bekämpfung der Wirtschaftskriminalität durch die Troika der §§ 9, 130 und 30 des Gesetzes über Ordnungswidrigkeiten, NStZ 1999, 1–8

Walter, Tonio, Sanktionen im Wirtschaftsstrafrecht, JA 2011, 481–486

Wiedemann, Gerhard (Hrsg.), Handbuch des Kartellrechts, 3. Auflage, München 2016

Wittig, Petra, Wirtschaftsstrafrecht, 4. Auflage, München 2017